Rainer Werle/Renate Kreile

Renaissance des Islam – Das Beispiel Türkei

Rainer Werle/Renate Kreile

Renaissance des Islam – Das Beispiel Türkei

JUNIUS

Junius Verlag GmbH, Hamburg
Von-Hutten-Straße 18, Postfach 500745,
D-2000 Hamburg 50

Einbandgestaltung: Johannes Hartmann, Hamburg
Satz: Junius Verlag GmbH
Druck: SOAK GmbH, Hannover
Printed in Germany 1987
ISBN 3-88506-154-6
Erste Auflage März 1987

CIP-Kurztitelaufnahme der Deutschen Bibliothek

Werle, Rainer:
Renaissance des Islam – das Beispiel Türkei /
Rainer Werle; Renate Kreile. – 1. Aufl., 1.-2. Tsd. –
Hamburg: Junius, 1987.
ISBN 3-88506-154-6

NE: Kreile, Renate:

Inhalt

Abkürzungen und Schreibweise

AnaP	Anavatan Partisi	Mutterlandspartei
AP	Adalet Partisi	Gerechtigkeitspartei
CHP	Cumhuriyet Halk Partisi	Republikanische Volkspartei
CKMP	Cumhuriyetçi Köylü Millet Partisi	Republikanische Bauern- und Nationalpartei
DISK	Devrimci Işçi Sendikaları Konfederasyonu	Konföderation revolutionärer Arbeitergewerkschaften
DP	Demokrat Partisi	Demokratische Partei
IWF		Internationaler Währungsfonds
MHP	Milliyetçi Hareket Partisi	Nationale Aktionspartei
MSP	Milli Selamet Partisi	Nationale Heilspartei
OECD		Organisation für wirtschaftliche Zusammenarbeit und Entwicklung
OPEC		Organisation der erdölexportierenden Länder
OYAK	Ordu Yardımlaşma Kurumu	Armee-Hilfsorganisation
RP	Refah Partisi	Partei des Wohlstandes

Im Deutschen gebräuchliche Wörter und Namen (Schiiten, Khomeini, ...) sind in der gebräuchlichen Form geschrieben. Im Deutschen nicht gebräuchliche Wörter und Namen werden in der türkischen Schreibweise wiedergegeben (Nakşbendî, Nurculuk, ...). Um Mißverständnissen vorzubeugen, wurde diese Schreibweise auch in Zitaten beibehalten. Zur Aussprache türkischer Wörter: c = dsch, ç = tsch, ğ dehnt den davorstehenden dunklen Vokal und wird nicht ausgesprochen, ı = nichtbetontes e, s = ss, ş = sch, v = w, z = s; ^ bezeichnet lange Vokale insbesondere bei arabischstämmigen Wörtern.

Einleitung

Mit dem Sturz des Schah-Regimes in Iran durch die ›Islamische Revolution‹ von 1978/79 rückten die Reislamisierungstendenzen im Nahen Osten ins Blickfeld der Öffentlichkeit. Und da der Sturz des Schah, vor allem aber die Machtübernahme durch islamische Fundamentalisten, für viele Beobachter überraschend kam, drängte sich die Frage auf, ob eine ähnliche Entwicklung auch in anderen Ländern der islamischen Welt möglich sei.

Offenkundig war, daß der Sieg Khomeinis beträchtliche Wirkung auf andere Länder des Nahen Ostens ausübte. Verschiedene Moslembruderschaften und andere islamisch-fundamentalistische Gruppierungen traten verstärkt in die Öffentlichkeit, forderten die Rückkehr zu islamischen Grundsätzen des öffentlichen Lebens sowie die Einführung des islamischen Sheriat-Rechts und machten durch Aktionen – besonders spektakulär die Besetzung der Großen Moschee von Mekka im November 1979 – von sich reden.

Andererseits ist festzustellen: »Die Existenz all dieser Gruppen und der Einfluß, den sie ausüben, vermag nicht darüber hinwegzutäuschen, daß in der islamischen Welt gegenwärtig nur eine Minderheit von Aktivisten der fundamentalistischen Bewegung angehört. Aufgrund ihres Erfolges in Iran oder, allgemeiner ausgedrückt, aufgrund ihres militanten und politischen Charakters hat sie sich in der Öffentlichkeit besonders stark bemerkbar gemacht.«[1]

Doch auch jenseits des islamischen Fundamentalismus mit seiner Forderung, den gesamten Staat und das öffentliche Leben gemäß den Geboten des Koran zu gestalten, findet sich in den letzten Jahren im Nahen Osten eine Renaissance des Islam: »Auch wenn sich die iranische Revolution als nicht ›exportierbar‹ erweisen sollte, ... so haben die Ereignisse in Iran doch dazu beigetragen, den Stellenwert der Religion auch in den arabischen Ländern beträchtlich zu verändern. Einerseits wurden dadurch die schon vorher vorhandenen Tendenzen wesentlich verstärkt, das öffentliche und private Leben mit islamischen Inhalten sehr viel stärker und bewußter auszufüllen; so gibt es heute in den Golfstaaten sehr viel mehr Araber, die morgens um fünf Uhr zum ersten Gebet zur Moschee um die Ecke gehen, nicht weil es von ihnen erwartet wird, sondern weil sie selbst jeden Tag mit religiösen Handlungen gestalten wollen.«[2]

Andererseits entsprachen verschiedene Regierungen im Nahen Osten diesem Trend und vollzogen einen Wandel hin zu einer stärkeren Beachtung islamischer Vorschriften. Dabei reicht das Spektrum von der pakistanischen Regierung, die zumindest dem Anspruch nach das Sheriat-Recht zur verfassungsmäßigen Grundlage des Staates erklärte, über Ägypten, in dem ein politisches Tauziehen zwischen Befürwortern und Gegnern einer stärkeren Orientierung am islamischen Recht begann, bis hin zum Irak, dessen baathistische Führung zu derartigen Zugeständnissen kaum bereit ist, zumal dies die irakische Position im Krieg mit dem Nachbarn Iran schwächen könnte.

In diesem Spannungsfeld ist auch die Entwicklung in der Türkei zu sehen: Einerseits behält auch die neue Verfassung von 1982 das Prinzip des Laizismus, der strikten Unabhängigkeit des Staates von der Religion, bei, andererseits hatte schon 1976 der damalige Ministerpräsident Demirel festgestellt, »zwar sei der Staat laizistisch, nicht aber die Nation«[3]. Tatsächlich ist seit Jahren eine Renaissance des Islam im öffentlichen Leben der Türkei zu beobachten, und dieser Trend hat sich in der Zeit nach dem Militärputsch vom 12. September 1980 noch verstärkt. Mit Turgut Özal wurde 1983 ein Mann Ministerpräsident, der im Fastenmonat Ramadan keine Reisen in nicht-islamische Länder unternimmt und dessen Regierung im Sommer 1984 die Bierwerbung im Staatsfernsehen verbot, da Bier ein ›alkoholisches Getränk‹ sei[4]. Derartige Maßnahmen entsprechen der Stimmung in Teilen der Bevölkerung. Die Moscheen sind besser besucht als in früheren Jahren, und selbst in Kreisen der Großstadt-Intelligenz gehört es heute durchaus zum guten Ton, »auf Cocktail-Parties demonstrativ den Anisschnaps Raki zu verschmähen und sich stattdessen an Fruchtsäften zu laben«[5].

Die Reislamisierungstendenzen in Ländern wie der Türkei und Ägypten drängen zugleich den Eindruck auf, daß es sich hierbei um einen grundlegenden Wandel in der ideologisch-politischen Orientierung handelt; denn gerade die Türkei und Ägypten waren jene Länder des Nahen Ostens, die unter der Führung von Mustafa Kemal (Atatürk) bzw. Gamal Abdel Nasser konsequent den Versuch unternommen hatten, durch einen eigenständigen nationalen Entwicklungsweg Anschluß an den industrialisierten Westen zu finden. Dies schien möglich zu sein, wenn zugleich die traditionell starke Rolle des Islam in Politik und öffentlichem Leben zugunsten eines westlich-aufgeklärten Denkens aufgegeben würde. Im Gegensatz zur heutigen Tendenz der Reislamisierung läßt sich diese Politik geradezu als gezielte ›Deislamisierung‹ charakterisieren.

Unbestreitbar ist, daß diese Politik Atatürks bzw. Nassers beiden Ländern auf ökonomischem und sozialem Gebiet wesentliche Fortschritte brachte. Und solange die Westorientierung bei gleichzeitigem Bemühen um Unabhängigkeit des Landes Erfolge aufweisen konnte, fand sich hierfür auch eine ausreichende Massenbasis in der Bevölkerung. Der Wandel hin zu einer Rückbesinnung auf den Islam verweist somit auch auf die Tatsache, daß die Parolen von ›Fortschritt und Modernisierung‹ an Attraktivität und Akzeptanz verloren haben.

Im Falle der Türkei ist dies insbesondere im Zusammenhang mit der tiefen Wirtschaftskrise zu sehen, die Ende der siebziger Jahre das soziale und politische System des Landes schwer erschütterte und in deren Folge die Militärs zum dritten Mal nach dem Zweiten Weltkrieg die Macht übernahmen. Letztendlich markiert diese Krise das Scheitern der bisherigen türkischen Entwicklungsstrategie, doch stellt sich die Frage, warum die ideologische Antwort auf diese Krisenentwicklung bei großen Bevölkerungsteilen gerade in der Hinwendung zum Islam besteht, sowie, ob damit tatsächlich ein grundlegender Wandel in der ideologisch-politischen Orientierung der Türkei eingetreten ist.

Aufgabe dieses Buches soll es sein, jene ökonomischen, sozialen und politisch-ideologischen Veränderungen zu untersuchen, aufgrund derer in der heutigen Türkei der islamische Fundamentalismus Fuß fassen konnte und sich Reislamisierungstendenzen ausbreiten. Welche gesellschaftlichen Faktoren müssen zusammenkommen, um einen Prozeß der Reislamisierung in Gang zu setzen? Welche internen Veränderungen haben es möglich gemacht, daß die vom Laizismus geprägte Türkei heute für eine Renaissance des Islam empfänglich wurde? Welche Rolle spielen externe Faktoren, insbesondere die Reislamisierungstendenzen in den übrigen Ländern des Nahen Ostens? Auf dieser Grundlage wird es möglich sein, die Frage zu beantworten, ob die Türkei ein zweiter Iran werden könnte.

Die genannten Fragestellungen gerade am Beispiel der Türkei zu untersuchen, bietet sich aus mehreren Gründen an: Nach dem Zerfall des Osmanischen Reiches war die junge türkische Republik der erste Staat des Nahen Ostens, der, gestützt auf einen ausgeprägten Nationalismus, den Weg möglichst unabhängiger Modernisierung unternahm. Die Geschichte der Türkei bietet somit über Jahrzehnte hinweg ein Beispiel für die Erfolge wie auch für das Scheitern jener Aufbruchsstimmung in die Moderne, die die anderen Staaten des Nahen Ostens oft Jahrzehnte später (und damit häufig auch schmerzhafter und halbherziger) erfaßte.

Als zweiter Punkt kommt hinzu, daß die große Zahl von türkischen Arbeitsemigranten in der Bundesrepublik das Problem der Konfrontation mit dem ›modernen Westen‹ auf einer zweiten Ebene erneut und in vieler Hinsicht noch drastischer stellt, als dies in der Türkei selbst der Fall ist. Auch bei vielen Türken in der Bundesrepublik ist die Tendenz zur Reislamisierung unverkennbar, ja häufig noch deutlicher zu bemerken als in ihrem Heimatland. Diese doppelte Konfrontation unter jeweils verschiedenen Lebensumständen (einmal im Heimatland, einmal in der westlichen Metropole) erscheint uns besonders geeignet, die Faktoren zu untersuchen, die den Prozeß der Reislamisierung in Gang setzen. Dementsprechend gliedert sich dieses Buch in zwei Teile:

Der erste Teil beschäftigt sich mit der Türkei selbst. Da die aktuelle Entwicklung der Reislamisierungstendenzen nicht verstanden werden kann ohne Kenntnis der historischen Entwicklung von Staat, Gesellschaft und Religion, wird zunächst das Reformwerk Atatürks und seine Stellung zum Islam behandelt. Dann werden jene islamischen Strömungen dargestellt, die traditionell im Osmanischen Reich eine Rolle spielten bzw. als direkte Antwort auf Atatürks Politik entstanden sind. Ihr Wiedererstarken nach dem Zweiten Weltkrieg wird im Zusammenhang mit der sozialen, politischen und ökonomischen Entwicklung der Nachkriegszeit behandelt, wobei die Frage zu beantworten ist, warum die soziale und ökonomische Krisenentwicklung in der Türkei vor allem zu einer Reislamisierung und nicht zu einer starken Linksentwicklung geführt hat. Die konkreten Ausformungen und Ideologien des islamischen Fundamentalismus in der Türkei werden am Beispiel der ›Nationalen Heilspartei‹ (MSP), der ›Nationalen Aktionspartei‹ (MHP) sowie verschiedener islamischer Sekten vorgestellt. Den Schluß dieses ersten Teils bildet die Darstellung der Reislamisierungstendenzen und ihrer Funktion nach dem Putsch der Militärs vom 12. September 1980 und ein Ausblick auf die Perspektiven des islamisch-fundamentalistischen Einflusses in der Türkei.

Der zweite Teil beschäftigt sich mit den Ursachen und Auswirkungen der Reislamisierungstendenzen unter Türken in der Bundesrepublik. Dabei spielen sowohl die Gründe für die Arbeitsemigration aus der Türkei in die Bundesrepublik eine Rolle als auch die Lebens- und Arbeitssituation, welche die Arbeitsemigranten hier vorfanden, insbesondere die offizielle Ausländerpolitik der Bundesregierung und die zunehmende Ausländerfeindlichkeit unter Teilen der deutschen Bevölkerung. Darüber hinaus werden auch die organisatorischen Strukturen und die politische Praxis des islamischen Fundamentalismus in der Bundesrepublik dargestellt.

Als ›Einstiegshilfe‹ in das Thema haben wir dem ersten Teil ein Kapitel vorangestellt, das zum Begriff ›Reislamisierung‹ und seiner Bedeutung eine Einführung bietet. Eine Schlußbetrachtung zum Thema ›Reislamisierung und Modernisierung‹ faßt über die Türkei hinausgehend die Ergebnisse dieser Arbeit zusammen und kommt zu einigen entwicklungspolitischen Schlußfolgerungen.

Tübingen, im Januar 1987 Rainer Werle/Renate Kreile

Kapitel 1
Schlagwort ›Reislamisierung‹

›Reislamisierung‹ meint Rückkehr zum Islam als einer Wertorientierung des *gesamten* gesellschaftlichen Lebens. Es geht also nicht nur darum, daß die muslimische Religion als Privatangelegenheit jedes einzelnen eine Renaissance erfährt, sondern vor allem um die Organisation des öffentlichen Lebens nach den Grundsätzen des Koran und nach den Vorschriften des islamischen Sheriat-Rechtes.

Dieser zentrale Punkt aller Bestrebungen zur Reislamisierung findet seine Begründung zunächst im Charakter und Anspruch des Islam selbst: Der Islam ist nicht nur eine Religion, die Maßstäbe und Gebote für einen individuellen Heilsweg benennt, sondern auch eine Lehre über die Organisationsprinzipien für eine gerechte, gottgefällige Gesellschaft im Diesseits. Der Kampf für eine solche Gesellschaft gilt als der sicherste Weg, sich einen Platz im Paradies zu sichern: »Siehe sie, die da glauben und auswandern und streiten in Allahs Weg, sie mögen hoffen auf Allahs Barmherzigkeit, denn Allah ist verzeihend und barmherzig.«[1] Dementsprechend enthalten der Koran und die überlieferten Aussagen und Handlungen des Propheten Mohammed *(Hadith)* ein Normensystem für alle Bereiche der menschlichen Gesellschaft (allerdings einer Gesellschaft, wie sie vor über 1300 Jahren existierte und sich seither drastisch verändert hat). Rückkehr zum Islam kann daher strenggenommen nie ein individueller Akt sein, sondern zielt immer auch auf eine gesellschaftliche Umorientierung.

Damit ist in der Denkweise des orthodoxen Islam ein beständiger Widerspruch zu einem modernen, säkularen Staatswesen vorgegeben. Die meisten Staaten des Nahen Ostens lehnen »die Schaffung eines islamischen Staates bzw. eines Gemeinwesens, in dem der Islam die Hauptlegitimation ihrer Herrschaft darstellt, ab. Vielmehr vertreten sie den vom Westen übernommenen

Standpunkt, daß die Religion eine Privatangelegenheit sei und möglichst wenig Einfluß auf das öffentliche Leben haben sollte.«[2] Gerade zu diesem Standpunkt stehen die Befürworter einer strengen Reislamisierung in Opposition.

Da Reislamisierung mehr ist als eine Renaissance der muslimischen Religion im Privatleben der Menschen, besagen Meldungen über einen wachsenden Zulauf zu den Moscheen etc. deshalb zunächst nur, daß der Islam für eine zunehmende Anzahl von Menschen im Nahen Osten an Bedeutung gewinnt. Dies von vornherein mit Reislamisierung in dem hier verwendeten grundsätzlicheren Sinn gleichzusetzen, sollte vermieden werden. Andererseits ist es bezeichnend, daß diese Zunahme der Religiosität parallel läuft zu dem wachsenden Einfluß der (allerdings zahlenmäßig weitaus geringeren) Befürworter einer grundsätzlichen Reislamisierung.

Hintergrund dieser Parallelität ist das weitgehende Versagen aller bisherigen Versuche, durch Übernahme westlicher Ideologien auch eine ökonomische und soziale Versorgung der Bevölkerung sicherzustellen, die zumindest erkennen lassen müßte, daß es in absehbarer Zeit möglich sein könnte, den westlichen Standard zu erreichen. Statt dessen wurden in den letzten Jahrzehnten große Teile der Bevölkerung sozial und kulturell entwurzelt, und ein Leben in Slums und wachsender Armut ist das Schicksal vieler. Die Versprechungen auf eine bessere Zukunft durch westlich-aufgeklärte oder sozialistisch denkende Politiker haben sich nicht oder, besser gesagt, nur für den eigenen Geldbeutel der Politiker erfüllt. »Der heutige islamische Orient befindet sich in einer Krise; es ist eine mit der Verarmung der muslimischen Völker zusammenhängende sozioökonomische Krise und zugleich eine durch die Verwestlichung bedingte Identitätskrise. In der Verzweiflung wird auf den Islam zurückgegriffen als Verheißung einer besseren Zukunft und als Basis einer kulturellen Identität.«[3] Aus dieser doppelten Funktion der Religion erwächst auch die Parallelität von Renaissance des Islam und Reislamisierung: Weil der Islam Religion *und* gesellschaftspolitische Ideologie ist, kann er sowohl Identitätsbasis für viele als auch Aktivitätsbasis für jene Minderheit sein, die in einem islamischen Staat eine bessere Zukunft sieht.

In diesem Zusammenhang ist auch der Begriff des ›islamischen Fundamentalismus‹ zu klären: Er meint die Rückbesinnung auf die ursprüngliche Bedeutung des Islam und seinen einstmals machtvollen Stellenwert. Dabei wird die islamische Staatlichkeit in der Frühzeit ihrer Geschichte als ein ›Goldenes Zeitalter‹ der Gerechtigkeit und der Machtfülle der islamischen Welt beschrieben. Zu den Zuständen dieses ›Goldenen Zeitalters‹ gelte es zurückzukehren, indem dem Islam wieder zu seinem gesamtgesellschaftlichen Stellenwert verholfen werde. Gerade die mythische Überhöhung jener Zeit zu einer Idealgesellschaft, von der sich die islamische Welt seither immer weiter entfernt habe, übt in einer Zeit des Versagens anderer Ideologien starke Faszination aus, zumal das ›Goldene Zeitalter‹ in ferner Vergangenheit liegt und deshalb einer Mythenbildung keine greifbare Realität entgegensteht.

Zugleich verleiht dieser Umstand dem islamischen Fundamentalismus eine gewisse Beliebigkeit: Das ›Goldene Zeitalter‹ war islamisch und *deshalb* golden. Für Fundamentalisten ist es folglich unwichtig, die aktuellen ökonomischen oder politischen Gegebenheiten gründlich zu studieren. Ihnen genügt die Gewißheit, daß die Rückkehr zum Islam alle übrigen Probleme lösen werde. Weitergehende Überlegungen sind ins Belieben jedes einzelnen gestellt und bilden deshalb unter den Fundamentalisten kaum ein Konfliktpotential. Andererseits schafft diese Beliebigkeit eine günstige Voraussetzung, um unter dem Gewande der Reislamisierung politische und ökonomische Interessen durchzusetzen:

Die islamische Geistlichkeit *(ulama)* lebt von den Abgaben der Gläubigen und hat durch das islamische Stiftungswesen *(waqf)* im Laufe der Jahrhunderte Besitztümer angesammelt, die sie durch Säkularisierung und Modernisierung bedroht sieht. Die schiitischen Mullahs des Iran standen insbesondere deshalb zum Schah in Opposition, weil er ihren eigenen ökonomischen und politischen Einfluß zu schmälern drohte.

Neben diese Geistlichkeit tritt mit fortschreitender Modernisierung eine zweite Führungsgruppe des islamischen Fundamentalismus. Für diese ist es bezeichnend, daß sie weder der Ulama entstammt noch aus jenen Schichten kommt, die die Hauptleidtragenden der Modernisierungspolitik sind. Bei diesen aktiven Trägern der Reislamisierung handelt es sich vielmehr im wesentlichen um Angehörige der modernen Mittelschichten, die über eine ›moderne Bildung‹ mit der ›westlichen Kultur‹ konfrontiert worden sind, häufig im Rahmen eines Auslandsstudiums. Es sind Personen, die »im wesentlichen beim ›Kleinbürgertum‹ zu suchen sind, das die beiden ›Bedingungen‹ erfüllt: akute Wahrnehmung des interkulturellen Konflikts und zugleich Wahrnehmung der (für die einzelnen Gruppierungen unterschiedlichen) Krisenfolgen sozioökonomischer Art«[4]. Ihr Fundamentalismus ist häufig der religiös formulierte Protest einer kleinbürgerlichen Anhängerschaft (Händler, Gewerbe und Handwerk), die zwischen die Mahlsteine der Großindustrie geraten ist. Auch hier geht es also um ökonomische und politische Besitzstandswahrung; doch da sich der zu verteidigende Besitzstand von dem der Geistlichkeit unterscheidet, ist zu vermuten, daß damit auch die konkrete Formulierung des Fundamentalismus sich bei beiden Gruppen unterscheidet.

Während die Geistlichkeit bzw. die ›aufgeklärten Fundamentalisten‹ des Mittelstandes (sehen wir von Iran ab) in den Ländern des Nahen Ostens den Islam als Instrument der Verteidigung gegen die herrschenden Führungseliten nutzen, findet sich zugleich eine Tendenz, die Massenwirksamkeit des Islam auch für die Herrschaftssicherung dieser Führungseliten nutzbar zu machen. In Bereichen des öffentlichen Lebens, die grundlegende Ziele der Elite nicht berühren, wird eine Reislamisierung nicht nur zugelassen, sondern zum Teil auch gefördert. Der damit entstehende Eindruck einer Reislamisierung des Staates soll den Fundamentalisten die Argumente nehmen und ist gerade deshalb von deren Reislamisierungsvorstellungen zu unterscheiden.

In diesem Sinne muß eine Untersuchung der Reislamisierungstendenzen für jedes Land folgende Punkte differenziert behandeln:

- die Traditionen des Volksislam, die sich von Land zu Land unterscheiden und die deshalb zu Modernisierungsbestrebungen eine unterschiedliche Haltung einnehmen;
- die Rolle der Geistlichkeit, die mit dem Volksislam traditionell verbunden ist und zugleich den Islam als Notwendigkeit zur Besitzstandswahrung sieht;
- das Ausmaß und der historische Ablauf der Modernisierung und Säkularisierung sowie die Struktur der Führungseliten, die diesen Prozeß vorangetrieben haben;
- die sozialen, ökonomischen und politischen Folgen der Modernisierung für die übrigen Bevölkerungsschichten (Bau-

ern, Mittelstand und Kleinbürgertum) sowie die Entstehung neuer Schichten (Arbeiterklasse) und deren Interessenlage;

- das Herrschaftssystem der Führungseliten insbesondere unter dem Gesichtspunkt des Erhalts ihrer Massenbasis, und damit auch die Frage, ob und welche Zugeständnisse an Reislamisierungsbestrebungen gemacht werden.

Kapitel 2
Nationalismus und Islam bei Atatürk

Die moderne Türkei ist aus dem Osmanischen Reich hervorgegangen. Dieses wurde bis zu seinem Zusammenbruch im Ersten Weltkrieg vom Sultan-Kalifen regiert. Er war weltlicher Herrscher dieser Großmacht des Nahen Ostens und zugleich religiöses Oberhaupt der islamischen Welt. Mit dem Zusammenbruch des Osmanischen Reiches war auch diese Einheit der islamischen Welt zum Untergang verurteilt. Als Folge dessen wurde der ›Aufbruch in die Moderne‹ für die Jahrzehnte nach dem Krieg ein Schlachtruf im Nahen Osten, der kein Land unberührt ließ. Doch es war von seiner Herkunft betrachtet kein Ruf, der aus den weitläufigen ländlichen Gebieten kam. Die Masse der Bevölkerung, die Bauern und Landarbeiter, folgten diesem Aufruf zwar zum Teil, aber er wurde von außen, von nationalistisch-antikolonialistischen Führungseliten an sie herangetragen. Der Zerfall und die Schwäche des alten Kolonialsystems im Nahen Osten hatten es diesen Eliten ermöglicht, den Nationalismus als erfolgversprechendes Konzept auf ihre Fahnen zu schreiben und auch genügend Anhänger zu gewinnen, um siegreich zu sein.

Wo der Ruf nach dem eigenständigen und unabhängigen Nationalstaat erscholl, wo der Aufbruch in die Moderne proklamiert wurde, entstand rasch die Frage, inwiefern und weshalb die ländlichen Massen mit ihrer langen islamischen Tradition die nationalen Bestrebungen unterstützen würden. Die Versuche der Pahlawi-Dynastie in Iran, ihre Vorstellung von Modernisierung von oben zu verordnen, wurden von der Masse der Bevölkerung abgelehnt und als bedrohlich empfunden. Die Ablehnung gipfelte 1979 in der ›Islamischen Revolution‹, die auch für die Türkei die Frage aufwarf, ob dieses Land ebenfalls zur Reislamisierung und einer solchen Entwicklung fähig sei. Eine differenzierte Antwort auf diese Frage setzt voraus, die besonderen Umstände der Entstehung und Entwicklung der modernen Türkei zu untersuchen.

Dabei hatten die Bestrebungen zur Modernisierung der Türkei schon im letzten Jahrhundert ihre Vorläufer. In der Tanzimat-Periode (1839-1876) wurde der Versuch unternommen, durch Übernahme westlicher Zivilisation (Verwaltung, Erziehung, Technik) dem Verfall des Osmanischen Reiches Einhalt zu gebieten. Als mit Beginn des 20. Jahrhunderts die Verfallstendenzen immer unübersehbarer wurden, wuchs vor allem innerhalb der militärischen und bürokratischen Elite die Bereitschaft zu umfassenden Reformen, um den Anschluß an die westlichen Industrieländer zu gewinnen. Die 1889 gegründete ›Gesellschaft für Einheit und Fortschritt‹ und die Bewegung der ›Jungtürken‹ bildeten das Vorspiel zur Machtübernahme Mustafa Kemals (später Atatürk genannt) nach dem Ersten Weltkrieg. Mit seinem Befreiungskrieg wurde die Politik der Westorientierung und Modernisierung zur herrschenden Politik.

Möglich wurde diese Machtübernahme durch den Befreiungskampf gegen die siegreichen Mächte des Weltkriegs, die das Gebiet des ehemaligen Osmanischen Reiches unter sich aufteilen wollten. Daß dieser Befreiungskampf erfolgreich war, wird – vor allem in der türkischen Geschichtsschreibung – häufig der breiten Massenbasis Mustafa Kemals zugeschrieben, so daß der Eindruck entsteht, Atatürks Programm der Modernisierung (das später dann als ›Kemalismus‹ bezeichnet wurde) sei allgemein auf Zustimmung gestoßen. Es ist jedoch wichtig zu sehen, daß diese Sichtweise einseitig ist und der Grundstein für die Reislamisierungstendenzen von heute schon damals gelegt wurde. Dies soll im folgenden dargestellt werden.

Die Massenbasis des Befreiungskrieges

Der Befreiungskampf unter der Führung Mustafa Kemals war der Kampf eines glühenden Nationalisten, dem zunächst nurmehr die Truppenverbände im Osten der Türkei zur Verfügung standen, eine Restarmee, die er nicht auftragsgemäß demobilisierte, sondern sie für den Kampf gegen die Okkupanten gewann. Abgesehen von den Standorten dieser Restarmee war Anatolien, das Kernland des im Ersten Weltkrieg geschlagenen Osmanischen Reiches, von ausländischen Truppen besetzt. Die

Bevölkerung erfuhr hautnah, was es heißt, unter Besatzung zu leben – nicht nur ökonomisch und sozial, sondern auch bezüglich des Verlustes eigener Identität: »Die geschlagenen Türken waren die ersten, die eine konstruktive Antwort auf die Herausforderung fanden. Das war, von ihren Existenzproblemen her gesehen, natürlich. Ihnen stand das Wasser bis zum Hals; ihr Überleben als Nation selbst war in Frage gestellt.«[1]

Der Plan Mustafa Kemals, gegen die Okkupanten einen von der Bevölkerung getragenen Befreiungskrieg zu führen, fand deshalb erhebliches Echo. Hakkı Keskin schreibt in seinem Buch *Die Türkei – Vom Osmanischen Reich zum Nationalstaat:* »Mustafa Kemal war sich bewußt: Die Befreiung des türkischen Vaterlandes konnte nur das Werk des Volkes sein. Trotz der totalen Erschöpfung des Volkes durch den vorangegangenen jahrelangen Krieg mußten die Massen, d. h. die Bauern und alle anderen anti-imperialistischen Kräfte für die Befreiung des Landes organisiert werden.«[2] Doch diese Darstellung eines Volkes, das bereitwillig der Führung Atatürks folgte, ist zwar Grundgedanke jeder kemalistischen Geschichtsschreibung (und selbst eines kritischen Autors wie Keskin), aber geradeso wie der Kemalismus die Staatsideologie der modernen Türkei ist, so ist auch diese Geschichtsschreibung ideologisiert. Sie verkennt zwei – für unser Thema wesentliche – Gesichtspunkte:

Erstens waren die Motive und weitergehenden Perspektiven für die Unterstützung des Minimalzieles der Befreiung von Fremdherrschaft bei den einzelnen teilnehmenden Bevölkerungsgruppen sehr unterschiedlich. Dieser Umstand wird im folgenden Kapitel ausführlich behandelt werden.

Zweitens hatten große Teile der einfachen Landbevölkerung über Jahrhunderte hinweg nur eines erfahren: Was von außen und von oben kommt, bedeutet vermehrte Lasten und Entbehrungen, bedeutet Zerstörung gewachsener und vertrauter Strukturen. Dies galt für die Okkupanten geradeso wie für einen jungen Offizier, der von Befreiung sprach. Die Großgrundbesitzer, die Ağas, waren die vertraute, wenn auch ungeliebte, Obrigkeit. »Der Staat ist für viele Bauern der Großgrundbesitzer ...«[3] War der Ağa aus eigenem Interesse für den Befreiungskampf, dann schickte er ›seine‹ Bauern an die Front: »Indes erhielt Atatürk seine Unterstützung nicht aus einer Widerstandsbewegung des Volkes. Im Gegenteil, seine Armee bestand im Kern aus demobilisierten Veteranen, während die Bauern gezwungen wurden, in vorderster Front zu kämpfen (es kamen mehr Soldaten beim Desertationsversuch um als durch griechische Waffen, ein bemerkenswerter Beweis des Eigensinns der türkischen Bauern).«[4]

Damit wird deutlich: Mustafa Kemal besaß für seinen Befreiungskampf eine Basis vor allem unter jenen, die unter der Okkupation um ihre Privilegien fürchten mußten. Aber diese Privilegien bedeuteten auch Macht über die Masse der Bauern, bedeuteten deren ideologische Bindung an die Ağas und andere Führungseliten. Dieser Umstand wurde später auch daran deutlich, daß in der Nationalversammlung nach Gründung der Republik »die große Masse der Bevölkerung, die Bauernschaft, … durch Großgrundbesitzer vertreten« wurde[5].

Nur diese Form der Massenbasis unter Ausnutzung von Abhängigkeitsverhältnissen machte es möglich, daß sich die Proteste gegen die Politik Mustafa Kemals in Grenzen hielten, obwohl die breite Bevölkerung den Befreiungskampf nur teilweise als den ihren empfand. Der Zündstoff für spätere Konflikte war damit gelegt.

Mustafa Kemals Taktik

Jene gesellschaftlichen Gruppen, die den Befreiungskampf aktiv unterstützt hatten, wurden durch das Minimalziel zusammengehalten, das Land von Besatzern zu befreien. Die einzelnen Beweggründe und Sonderinteressen traten zunächst in den Hintergrund. Dies wurde insbesondere möglich, weil Mustafa Kemal es sorgsam vermieden hatte, in dieser Phase des Kampfes seine eigenen, weitergehenden Ziele zu benennen:

»Das Ziel eines neuen türkischen Staates offenbarte Mustafa Kemal jedoch selbst seinen engsten Kampfgenossen erst kurz vor der Ausrufung der türkischen Republik, da die meisten von ihnen zwar für die Befreiung der heutigen Türkei waren, aber nicht an die Beseitigung des Sultanats dachten. Sultanat und Kalifat waren für sie heilig und daher unantastbar.«[6]

Dieses Verschweigen der wahren Absichten war eine Taktik, ohne die Mustafa Kemal die gesteckten Ziele wohl kaum erreicht hätte. Rückblickend läßt sich sein Kalkül am besten als ›Salamitaktik‹ bezeichnen: Als unumstrittener Führer der Bewegung mobilisierte er Mehrheiten für die aktuellen Minimalziele. War der stärkste Feind geschlagen, also machtpolitisch nicht mehr von Bedeutung, erweiterte er die Zielsetzung. Jene aus den eigenen Reihen, die diese neue Zielsetzung nicht unterstützten, wurden zum nächsten Gegner; doch ging Mustafa Kemal in ausreichend kleinen Schritten voran, um sich immer eine Mehrheit für das nächste Ziel zu sichern.

Ein bedeutsames Beispiel für diese Taktik war die Kurdenfrage, die auch insofern für unser Thema der Reislamisierung von Bedeutung ist, als der kurdische Südosten der Türkei das Armenhaus des Landes bildet, dessen Bewohner für ihre Rebellion gegen die Zentralmacht in Ankara häufig und in mehreren Aufständen unter islamisch-religiöser Ideologie antraten.

Bis zum Vertrag von Lausanne (24.7.1923), der der modernen Türkei die internationale Anerkennung brachte, wurden die Kurden von der türkischen Regierung als Mitstreiter im Befreiungskampf geachtet. Dies erlaubte es der türkischen Regierung, sich in Lausanne als Interessenvertreter der Kurden darzustellen und somit auf das rohstoffreiche Ostanatolien Ansprüche zu erheben. Als jedoch mit dem Vertragsabschluß die Grenzfrage zumindest teilweise zugunsten der Türkei entschieden war, »da verkehrte sich die Politik der türkischen Regierung gegenüber dem kurdischen Volk in ihr Gegenteil. Im Gegensatz zu den feierlichen Erklärungen Ismet Paschas wurden die Kurden nun beschuldigt, den Briten und dem Sultan als Werkzeug gedient zu haben, sie seien ›der Türkei während des Ersten Weltkrieges und des Unabhängigkeitskrieges verräterisch in den Rücken gefallen‹. Die kurdischen Abgeordneten in der Nationalversammlung ... wurden verhaftet.«[7] Damit begann die Politik der Kurdenunterdrückung in der Türkei, die bis heute anhält.

In gleicher ›Salamitaktik‹ vollzog sich auch der Übergang zum Laizismus, d.h. zur Trennung von Religion und Staat. »Die ersten Schritte noch während der Phase der Rebellion im unbesetzten Teil Anatoliens waren zwar vorsichtig, zeigten aber doch schon eindeutig die künftige Richtung an. In einem Grundgesetz vom 20. Januar 1921 revidierte die frisch konstituierte Nationalversammlung die alte Verfassung von 1876/1908 in entscheidenden Punkten: Die Souveränität Gottes, vertreten durch die des Sultan-Kalifen, wurde ersetzt durch die Souveränität des

Volkes, das allein durch die Nationalversammlung repräsentiert wurde. Die Abschaffung des Sultanats war die logische Konsequenz: am 1. November 1922 beseitigte ein Gesetz der Nationalversammlung in Ankara die Institution des Sultanats. An das religiöse Amt des Kalifen wagte man zunächst nicht zu rühren. Ein Vetter des geflüchteten letzten Sultans Mehmed VI. Vahideddin, Abdülmecid, erhielt von der Nationalversammlung den Kalifentitel verliehen und zog in den Dolmabahçe-Palast in Istanbul ein. Aber nachdem im Frieden von Lausanne ... der von Kemal erkämpfte integrale und souveräne türkische Nationalstaat internationale Anerkennung gefunden hatte und die Republik konstituiert war (29. Oktober 1923), ließ der zum Präsidenten gewählte Kemal alle Rücksichten auf die traditionellen Kräfte fallen: Das Gesetz vom 3. März 1924 schaffte auch das Kalifat ab und verbannte alle Angehörigen der osmanischen Dynastie außer Landes.«[8]

Wo sich in der Folgezeit Widerstand gegen diese Reformen regte, wurde er niedergeschlagen. Mustafa Kemal befand sich in der Offensive, was besonders daran deutlich wird, daß er sich nicht mit dem Niederhalten von Gegnern begnügte, sondern jede Widerstandsregung zum Anlaß nahm, den Prozeß der Säkularisierung zu forcieren:

»Den Aufstand kurdischer Rebellen im Namen des Islam und unter der Führung eines Derwisch-Scheichs im Jahre 1925 nutzte Mustafa Kemal zum Verbot der Derwischorden, die den bürgerlich-liberalen Kreisen schon immer als finsterer Hort der Reaktion gegolten hatten. Am 2. September 1925 wurde das Tragen religiöser Kleidung und Abzeichen allen nicht offiziell als islamische Würdenträger anerkannten Personen verboten; am 25. November folgte das Verbot des Fez, der 1828 als ›islamische‹ Kopfbedeckung für die reformierte Armee eingeführt worden war.«[9]

Dennoch dauerte es noch weitere zwölf Jahre, bis der Laizismus auch formell Grundlage der Republik Türkei wurde. Die kemalistische Verfassung vom 20. April 1924 bezeichnete den Islam als die Religion des türkischen Staates (Artikel 2). 1928 wurde dieser Artikel gestrichen. Der 3. Kongreß der kemalistischen Partei nahm 1931 das Prinzip des Laizismus in das Parteiprogramm auf; 1937 wurde der Laizismus dann auch in der Verfassung verankert[10].

In ähnlicher Weise kristallisierten sich im Laufe des ersten Jahrzehnts der Republik Türkei auch die übrigen ›Grundprinzipien des Kemalismus‹ heraus. Neben den Laizismus traten:

- Republikanismus als bewußte Abkehr von allen Versuchen, das Staatssystem des Osmanischen Reiches wieder aufleben zu lassen;
- Nationalismus als Bekenntnis zur nationalen Einheit aller Türken, damit aber auch der Anspruch, daß es auf dem Territorium der Türkei keine anderen Nationalitäten geben dürfe. Der Grundstein für die ›Türkisierung‹ der Kurden und anderer Minderheiten war damit gelegt;
- Populismus, der einerseits den Anspruch auf eine Politik im Sinne des Volkes zum Ausdruck brachte, andererseits aber auch eine Leugnung von Klassengegensätzen und grundlegenden Interessenkonflikten in der Türkei beinhaltete;
- Etatismus als Wirtschaftsprogramm, wobei durch einen starken staatlichen Wirtschaftssektor die notwendigen Voraussetzungen für eine privatwirtschaftliche Industrialisierung gelegt werden sollten;
- Revolutionarismus als Auftrag zur beständigen Umgestaltung der Türkei gemäß den übrigen Grundprinzipien.

Mit diesen sechs Grundprinzipien und ihrer Verankerung in der Verfassung war es Atatürk gelungen, seine Ideologie juristisch und politisch durchzusetzen. Die ›Salamitaktik‹ hatte ihr Ziel erreicht.

Atatürks ›Laizistischer Islam‹

Zwar hat sich Atatürk mehrfach selbst als Muslim bezeichnet, aber seit 1924 keine Religion mehr praktiziert. Das Kalifat war ihm nicht heilig; daß es dennoch erst 1924 abgeschafft wurde, war einzig eine Frage taktischer Klugheit. Für Mustafa Kemal war deshalb der Islam nur insofern von Bedeutung, wie er sich als Ideologie zu machtpolitischem Taktieren eignete. Dennoch erscheint es uns falsch, Atatürks Politik grundsätzlich als religionsfeindlich zu bezeichnen, wie dies insbesondere von islamisch-fundamentalistischer Seite geschieht[11].

Die folgenden Zitate machen deutlich, daß ihm ein aufgeklärter Islam durchaus als wünschenswerte Ideologie erschien:

»Wir sind der Meinung, daß die Religion, die seit langem in der Politik als Werkzeug ausgenutzt wurde, von der Politik befreit und erhöht werden muß. Wir dürfen nicht unseren heiligen und hohen Glauben als ein Werkzeug der Politik mißbrauchen. Nur so wird unsere Nation in dieser und in jener Welt zum Glück gelangen.« [12]

»Die türkische Nation soll noch religiöser sein. Nämlich die türkische Nation soll nur aus echten frommen Menschen bestehen. ... In unserer Religion gibt es nichts, das dem Gedanken der Entwicklung widerspräche. Aber es ist eine Tatsache, daß es in der heutigen türkischen Nation eine auf falschen Überzeugungen beruhende Religion gibt. Aber ungebildete Menschen werden mit der Zeit aufgeklärt werden. Wenn sie sich dem Licht, d. h. der echten Religion und der Wissenschaft nicht nähern, werden sie sich vernichten. Wir werden sie aber aus dieser Lage retten.« [13]

Atatürk war sich bewußt, daß er in einem Land mit langer islamischer Tradition seine Vorstellung von Laizismus nur schrittweise durchsetzen konnte. Zugleich war abzusehen, daß die völlige Trennung von Religion und Staat in den Moscheen einen Freiraum geschaffen hätte, in dem, vom Staat nicht mehr kontrollierbar, sich oppositionelle Strömungen verbreiten könnten. Atatürk schlug deshalb einen Mittelweg ein: »Der Islam als Staatsreligion wurde aufgehoben; der Staat sollte allen religiösen Fragen gegenüber neutral sein. Das bedeutete freilich nicht, daß der Staat sich, wie z. B. in den Vereinigten Staaten, aus allen religiösen Fragen heraushielt. Er übt vielmehr durch einen von der Regierung bestellten Staatsbeamten, *Din işleri başkanı,* die Aufsicht über die Geistlichkeit und die religiösen Einrichtungen aus, er erlaubt und verbietet, er besoldet die Geistlichen, die also von ihm abhängen.« [14]

Das Ergebnis dieser Form des Laizismus war ein aufgeklärter, vom Staat abhängiger offizieller Islam auf der einen Seite und ein Volks- und zum Teil auch ›Untergrund‹islam auf der anderen Seite. Während der offizielle Islam das Bild der Städte prägte, blieben die oft nur schwer zugänglichen Dörfer davon weitgehend unberührt.

»Unter den Bewohnern des flachen Landes und der Kleinstädte hat sich die Gesetzgebung der Zeit Atatürks und seines

Nachfolgers Ismet Inönü als Staatspräsident (bis 1950) nur sehr langsam, nur zum Teil und in mancher Hinsicht überhaupt nicht ausgewirkt. Für diese Kreise war die Schriftreform, der Ersatz des für das Türkische völlig ungeeigneten arabischen Alphabets, durch die (auch nicht in allem perfekte) Lateinschrift weithin belanglos, da sie so und so nicht schreiben konnten. Die Einführung der europäischen Tracht drang, wenn überhaupt, nur sehr langsam durch und besagte schließlich nur den Ersatz des Fez durch eine Mütze, die bezeichnenderweise oft mit dem Schild nach hinten getragen wurde, damit dieser beim Gebet nicht störe.« [15]

Dieses Nebeneinander von Volksislam und offiziellem Islam konnte solange einigermaßen reibungslos funktionieren, wie städtische und ländliche Kultur zwei getrennte Welten bildeten. Die Entwurzelung und Landflucht großer Teile der Bauern und Landarbeiter nach dem Zweiten Weltkrieg (siehe Kapitel 4) jedoch ließ beide Welten aufeinanderprallen.

Das Einparteiensystem

Das Einparteiensystem als Garant des Laizismus

Atatürks ›Salamitaktik‹ hatte es möglich gemacht, daß die kemalistische Linie siegreich aus den Konflikten der jungen Republik hervorging. Doch die Konflikte waren damit nicht aus der Welt geschafft. Dies wird deutlich am Scheitern der Versuche Atatürks, durch eine von ihm installierte ›Opposition‹ seine Herrschaft zu stabilisieren:

Der erste Versuch, durch die Gründung einer Oppositionspartei Kontrolle über gegnerische Strömungen zu erhalten, war noch während des Befreiungskampfes die Gründung der ›Offiziellen Kommunistischen Partei‹. Von engen Mitarbeitern Atatürks mitgegründet, hatte sie nach Mustafa Kemals eigenem Eingeständnis die Aufgabe, die linke Bewegung unter Kontrolle zu bringen. »Die ›Offizielle Kommunistische Partei der Türkei‹ löste sich auf, nachdem sie die von ihr erwartete Funktion erfüllt hatte«, erklärte im nachhinein Kilic Ali, einer der Gründer der Partei [16].

Der zweite Versuch war die Gründung der ›Fortschrittspartei‹ (1923). Die ›Fortschrittspartei‹ bestand zwei Jahre, dann wurde dieses Experiment einer gelenkten Opposition von der kemalistischen Führung abgebrochen. Als letzter Versuch in dieser Richtung wurde schließlich am 12. August 1930 die ›Freie Partei‹ im direkten Auftrag Atatürks von einigen seiner engsten Mitarbeiter gegründet. Doch schon drei Monate später, am 17. November 1930, beschloß sie ihre ›Selbstauflösung‹.

»Diese kurze Episode demonstrierte die fundamentale Schwäche des Regimes in Ankara. Die Modernisierung, die von den Regierungen des Komitees für Einheit und Fortschritt vor dem Ersten Weltkrieg eingeleitet und von den Republikanern nach dem Krieg fortgesetzt worden war, hatte einen rechtlichen Rahmen politischer Partizipation geschaffen, ohne jedoch der Bauernschaft und den unteren städtischen Schichten sowie dem Kleinbürgertum politische Rechte zu gewähren.«[17] Es ist deshalb auch nicht verwunderlich, daß sich die ›Freie Partei‹ zu einem Sammelbecken jedweder Opposition entwickelte, so daß die Partei gegen den Willen der Kemalisten zugleich die freie Marktwirtschaft und westlichen Liberalismus forderte, wie auch eine restaurative islamische Bewegung einleitete. Sie drohte rasch den Rahmen einer gelenkten Opposition zu überschreiten und wurde deshalb zur Selbstauflösung genötigt[18]. In vieler Hinsicht war die ›Freie Partei‹ deshalb eine verfrühte Vorläuferin von Menderes' ›Demokratischer Partei‹ (siehe Kapitel 4).

Deutlich wird an den gescheiterten Versuchen einer gelenkten Oppositionsgründung vor allem, daß nur durch das Einparteiensystem Atatürks sichergestellt werden konnte, daß die kemalistische Linie sich durchsetzte. Linke und bürgerlich-liberale, aber vor allem islamisch-reaktionäre Oppositionsströmungen wurden dadurch ausgeschaltet, obwohl zumindest die letzteren über eine nennenswerte Massenbasis verfügten[19].

Das Militär als Führungselite

Daß das Einparteiensystem der jungen Republik trotz zahlreicher Widersprüche nicht an innerparteilichen Konflikten zerbrach, lag einerseits sicherlich am umsichtigen Taktieren Atatürks, andererseits aber insbesondere daran, daß sich im Militär eine Führungselite fand, die bewußter Träger der kemalistischen Politik war. Die Notwendigkeit einer solchen Führungselite beschrieb Gerhard Weiher mit dem prägnanten Satz: »Mit der Etablierung eines republikanischen Nationalstaats war in der Türkei ein bürgerlicher Staat entstanden, ohne daß diesem eine bürgerliche Schicht als gesellschaftliches Substrat entsprochen hätte.«[20] Damit ist auch das Dilemma der kemalistischen Politik vorgezeichnet: Wohl ist es möglich, innerhalb weniger Jahre einem Land wie der Türkei ein Rechtssystem überzustülpen, das laizistisch und westlich modernistisch ist, aber die ökonomischen und sozialen Voraussetzungen, die in den westlichen Industrieländern dieses Rechtssystem erst entstehen ließen, entwickeln sich nicht innerhalb weniger Jahre.

Der Versuch der Kemalisten, durch eine streng etatistische Wirtschaftspolitik auch den ökonomischen Anschluß an das Niveau der Industrieländer zu erreichen, zeitigte im ersten Jahrzehnt der Republik im Industriesektor nur wenig Erfolg, während die Landwirtschaft immer unrentabler wurde. Charakteristisch für diese erste Phase in der Geschichte der modernen Türkei ist: »Während die Bilanz der Jahre 1923-30 auf dem Gebiet der Reformen und radikalen Umwälzungen an der Basis keine bedeutenden Erfolge aufweist, sind die für die Schaffung des neuen türkischen Staates wichtigen Überbaureformen in dieser Phase verwirklicht worden.«[21] Als Folge versuchte Atatürk, »die Voraussetzungen der Reformen im Unterbau durch Sicherstellung der Reformen im Überbau zu erreichen. Gerade diese für die bürgerlich-revolutionäre Ideologie sehr typische Strategie verhinderte das Erreichen des angestrebten Zieles.«[22] Letztlich läßt sich die Politik Atatürks in dieser Phase als eine Politik der verordneten Reformen beschreiben. Ein Reformwerk, das in den Augen westlicher Beobachter als ein Werk des Fortschritts erscheinen mußte, wobei allzuhäufig übersehen wurde, daß die ökonomischen und sozialen Voraussetzungen für eine positive Aufnahme dieser Reformen in der Bevölkerung fehlten und vernachlässigt wurden. Sicherlich muß man den Kemalisten zugestehen, daß sie subjektiv Reformen für die Menschen durchsetzen wollten, aber sie taten dies *gegen* den Willen vieler.

Damit sind in groben Zügen die historischen Wurzeln für die heutigen Reislamisierungstendenzen beschrieben: Einerseits fand sich für den Befreiungskampf Atatürks eine Massenbasis unter den gesellschaftlich einflußreichen Schichten, und Atatürk verstand es, durch geschicktes Taktieren und gestützt auf das Einparteiensystem, seine Führungsposition zu behaupten. Andererseits verharrten große Teile der unteren gesellschaftlichen Schichten in ihrem islamischen Selbstverständnis und fügten sich nur oberflächlich betrachtet in das neue bürgerliche System ein. Eine bedeutsame Veränderung der ökonomischen und sozialen Basis, die die Grundhaltung der Bevölkerung hätte verändern können, fand nicht statt, so daß es für diese Schichten keinen Grund gab, die Überbaureformen zu akzeptieren. Im Gegenteil zeigten die Versuche, ein Mehrparteiensystem einzuführen, welcher Sprengsatz sich unter der Oberfläche der straffen kemalistischen Führung angesammelt hatte. Der Übergang zum Mehrparteiensystem nach dem Zweiten Weltkrieg mußte zum Ausbruch der angestauten Widersprüche führen.

Bevor wir jedoch diese Entwicklungslinie weiter verfolgen, wollen wir im nächsten Kapitel zunächst die einzelnen islamischen Strömungen und Gruppierungen vorstellen, die mit dem Übergang zum Mehrparteiensystem die Massenbasis für Reislamisierungstendenzen bildeten.

Kapitel 3
Der Volksislam in der Türkei

Unter Volksislam verstehen wir jene islamischen Traditionen, die sich in der einfachen Bevölkerung als religiöse Lebenshilfe zur Bewältigung des täglichen Lebens herausgebildet haben. Dieser Volksislam unterscheidet sich – nicht nur in der Türkei – deutlich vom orthodoxen Islam, wie er in Lehrbüchern, gleich welcher Richtung, zu finden ist. Dieser Unterschied ergibt sich zunächst aufgrund der Bildungssituation der Bevölkerung: »Im türkischen Islam gibt es Dinge, die völlig unislamisch sind. Sie konnten in den Islam eindringen, weil das Volk wegen des geringen Bildungsniveaus nicht wußte, was zum Islam (dem dogmatisch reinen Islam) gehört und was nicht. Sie konnten keine islamische Literatur lesen, weil sie überhaupt nicht lesen konnten.«[1]

Entsprechend dem Stadt-Land-Bildungsgefälle in der Türkei ergibt sich daraus die Feststellung, daß der Volksislam seine Hochburgen vor allem in ländlichen Gebieten hat. Zwar ist im Dorf die Moschee der Mittelpunkt des religiösen Lebens, und der Ortsgeistliche *(hoca)* spielt eine wichtige Rolle, aber die einzelnen Verrichtungen für gute Ernten, gegen Krankheiten etc. entstammen nicht dem Koran, sondern lokaler Tradition. Beispielsweise gibt es verschiedene Rituale gegen Unfruchtbarkeit: »Die Frau kann für sich beten lassen oder Amulette tragen und heilige Grabstätten besuchen. Sie kann einen Apfel vom Hoca mit Koransuren beschreiben lassen. Eine Hälfte des Apfels ißt dann ihr Mann, die andere Hälfte ißt sie.«[2] Bei solchen Ritualen spielt zwar der Islam eine wichtige Rolle, dem orthodoxen Lehrgebäude jedoch sind sie fremd.

Auffallend ist weiterhin, daß die wissenschaftliche Türkeiliteratur sich mit der Darstellung und Systematisierung des Volksislam in der Türkei schwertut: Einzelne Darstellungen widersprechen sich, und die Zahl der verfügbaren Statistiken ist minimal. Dies ist zunächst der Tatsache geschuldet, daß die offiziellen türkischen Statistiken über Gruppierungen innerhalb des Islam keine Aussage machen, da die türkische Republik – wie auch schon das Osmanische Reich – religiöse Differenzierungen unter den Muslimen nicht anerkennt[3]. Ein weiterer Grund liegt sicherlich in dem breiten Spektrum volksislamischer Traditionen, das eine Aussage über *den* Volksislam in der Türkei unmöglich macht. Der nachfolgende Versuch einer Darstellung verschiedener Strömungen ist deshalb unter diesem Vorbehalt zu sehen.

Sunnitischer und alewitischer Islam

Traditionell gibt es in der Türkei zwei islamische Hauptrichtungen: Rund vier Fünftel der türkischen Muslime sind Sunniten, ein Fünftel sind Alewiten.

Die Sunniten

Die *Sunna* (Pfad, Lebensführung) beinhaltet die überlieferten Aussprüche, Handlungen und Gepflogenheiten des Propheten Mohammed und seiner Gefährten. Für die Sunniten, die ›Leute der Sunna‹, bedeutet die Sunna eine dem Koran gleichwertige und authentische Erläuterung des Koran, die in gleicher Weise verbindliche Quelle für die religiöse Lebensführung ist.

Von den vier großen Rechtsschulen, die es innerhalb des Sunnismus gibt, spielen in der Türkei zwei eine Rolle: Der hanefitischen Schule gehören mehrheitlich türkische Sunniten an, während die safiitische Schule vor allem unter kurdischen Sunniten verbreitet ist. Die Trennungslinie zwischen beiden Schulen ist also fast identisch mit der Nationalitätenfrage Kurden/Türken[4].

Für die Sunniten läßt sich feststellen, daß die zahlenmäßige Stärke dieser Richtung die Form des islamischen Lebens in der Türkei prägt, während die Alewiten aufgrund ihrer Minderheitenposition eine »sehr zurückgezogene Lebensweise«[5] führen. Dementsprechend war der sunnitische Islam im Osmanischen Reich nicht nur die Basis des Volksislam, sondern zugleich in seiner orthodoxen Form die Herrschaftsideologie des Sultanats/Kalifats. Auf den sunnitischen Islam gründete sich der religiöse

Herrschaftsanspruch des Osmanischen Reiches. Dies wiederum wirkte sich auf den sunnitischen Volksislam aus: »Die Volksfrömmigkeit spiegelt den hierarchischen Gesellschaftsaufbau wider. In einigen Gegenden Ostanatoliens herrschen noch heute feudale Strukturen vor. Diese Strukturen haben Auswirkungen bis in die Erziehung hinein, die von einer extremen Betonung von Disziplin und Gehorsam geprägt ist. Der gesellschaftliche Einfluß des Islam ist vor allem dort groß, wo der soziale Wandel gering und die traditionelle Orientierung vorherrschend ist, d. h. in den ländlichen Gebieten der Türkei.«[6]

Die Alewiten

Der Name ›Alewiten‹ verweist auf Ali, den Schwiegersohn und Neffen des Propheten Mohammed. Er war im Jahre 656 zum Kalifen gewählt, aber fünf Jahre später erdolcht worden. Um die Frage seines Nachfolgers entbrannte ein Streit, ob dieser direkter Nachfahre des Propheten und Alis sein solle oder durch Wahlen – nach Fähigkeit und Verdienst – zu ermitteln sei. Erstere Ansicht vertraten die Schiiten, letztere die Sunniten. Bis heute zieht sich diese Spaltung durch die islamische Welt, wobei die Hochburgen des Schiismus vor allem der Iran und Teile des Irak sind.

Da die Alewiten sich auf Ali berufen, sind sie in gewisser Weise eine Form des Schiismus, doch wäre es falsch, sie einfach mit den Schiiten zum Beispiel in Iran zu vergleichen, da ihre Minderheitenposition in Anatolien und der fehlende Kontakt zu anderen schiitischen Gruppen zu einer Sonderentwicklung führte:

»Eine schiitische Geistlichkeit war in dem streng sunnitischen Staat nicht möglich. Die Religionsausübung geschah also ohne Leitung ausgebildeter Theologen, was zu jener Anreicherung mit Elementen des Volksglaubens geführt haben mag, die zu den Legendenbildungen bei den Umwohnern reizte. Auch Moscheen finden sich in Alevidörfern in der Regel nicht. ... Die Interpretation der Glaubensregeln ist nicht wie bei den Sunniten (und bei den persischen Muslimen, bei denen die Schia ja Staatsreligion ist) kanonisiert, sondern erfolgt durch die Gemeindemitglieder nach lockerer Tradition und nach dem Gewissen.«[7]

Die Minderheitenrolle der Alewiten brachte es mit sich, daß sie jede Schwächung des sunnitischen Islam als Herrschaftsideologie begrüßten, weil dies ihr Leben erleichterte. Zusammen mit ihrer praxisnahen, aufgeschlossenen und daher unorthodoxen Islamauffassung ergab es sich daher, daß die Alewiten den ›laizistischen Islam‹ Atatürks mehrheitlich begrüßten. Sie stellten einen wichtigen Teil der ländlichen Massenbasis Atatürks. Entsprechend ist auch ihr Verhältnis zu den Reislamisierungstendenzen nach dem Zweiten Weltkrieg: »Dabei gehen die islamischen Tendenzen fast ausschließlich vom sunnitischen Teil der Bevölkerung aus, während die schiitischen Alewiten durch ihre stark reformierte Religionsauffassung für die reaktionären Tendenzen des Islam wenig ansprechbar sind.«[8] Im Verständnis zahlreicher Türken werden die Alewiten heute häufig mit ›politisch links‹ gleichgesetzt.

Das traditionelle Spannungsverhältnis zwischen Alewiten und Sunniten in der Türkei wird noch verstärkt durch den Umstand, daß die Alewiten kein geschlossenes Siedlungsgebiet besitzen. Die meisten Alewidörfer finden sich in Mittelanatolien, doch während es Gegenden gibt, die nur sunnitisch sind, gibt es keine große Region, die nur alewitisch wäre. Kurz gesagt, es gibt immer sunnitische Nachbarn, wodurch das Gefühl der Alewiten, eine Minderheit zu sein, verstärkt wird[9].

Dies führt zu einem wichtigen Punkt für die Reislamisierungstendenzen heute: Auch in den alewitischen Dörfern waren die meisten Bewohner Bauern und Landarbeiter. Die Unterdrükkung und Rückständigkeit der Produktivkräfte war geradeso gegeben wie in den sunnitischen Nachbardörfern. Aber die sunnitischen Muslime besaßen vor dem Ersten Weltkrieg das religiöse Privileg, daß ihr Glaube zugleich Herrschaftsideologie war. Selbst der ärmste Bauer konnte sich immer noch damit trösten, daß auch der Sultan seines Glaubens war, während die alewitischen Bauern sich nie mit dem Sultanat zu identifizieren vermochten. Es waren deshalb keineswegs nur ökonomische und soziale Privilegien, die gegen den Kemalismus verteidigt wurden, sondern auch eindeutig ideologisch-religiöse, die in der sunnitischen Tradition fortbestehen und unter manchen ihrer Anhänger den Wunsch erwecken, zum Osmanischen Reich zurückzukehren. Für die Alewiten hingegen ist der Traum von der alten ›osmanischen Pracht‹ eher ein Alptraum.

Damit unterscheiden sich die sunnitischen Reislamisierungstendenzen in der Türkei in einem Punkt auch von fundamentalistischen Ideen in anderen Ländern der islamischen Welt: Das ›Goldene Zeitalter‹, zu dem die Fundamentalisten in anderen Ländern zurückkehren wollen, wird mit der Entstehungszeit des Islam gleichgesetzt. Das osmanische Kalifat gilt diesen Fundamentalisten als eine Zeit des Niedergangs und der Knechtung der arabischen Völker. Sunnitische Fundamentalisten in der Türkei hingegen sehen in der Wiedererrichtung des osmanischen Kalifats ein wichtiges Ziel ihres Kampfes. Und diese Zielsetzung vermischt sich häufig mit dem Wunsch, die Türkei auch politisch wieder zu einem großen und mächtigen Reich zu machen, also mit Ideen des ›Panturanismus‹ (siehe Seite 90).

Die Sonderstellung der Kurden

Die naheliegende Frage, ob der safiitische Sunnismus der Kurden ein Konfliktpotential gegenüber dem hanefitischen Sunnismus der Türken bzw. gegenüber den Alewiten bedeuten konnte, trat historisch nicht als Problem auf, denn die Unterschiede in der Interpretation des Islam wurden völlig überdeckt von der Nationalitätenfrage.

Die Verfolgung und Unterdrückung der kurdischen Bevölkerung nach dem Vertrag von Lausanne fand im Nachhinein ihre ideologische Rechtfertigung in der Definition des ›Nationalismus‹ durch die Kemalisten. Der Nationalismus als einer der sechs Eckpfeiler der kemalistischen Ideologie fragte nicht nach Differenzen innerhalb des Islam, sondern verlangte rigoros, daß in den Grenzen der Türkei nur die türkische Nation existiere. Die Kemalisten unternahmen aufwendige ›wissenschaftliche‹ Anstrengungen, um den ›Nachweis‹ zu führen, daß die Kurden eigentlich ›Bergtürken‹ seien. Sprachwissenschaftlich völlig unhaltbar behaupteten sie, das Kurdische sei ein degenerierter Dialekt des Türkischen. (Außerhalb der Türkei sind sich die Sprachwissenschaftler einig, daß das Türkische zur altai-ugrischen Sprachfamilie gehört – verschiedene Turksprachen, das Finnische, Ungarische und Japanische gehören dazu –, während das Kurdische in seinen verschiedenen Ausformungen zur indoeuropäischen Sprachfamilie zählt und eng verwandt mit dem Persischen ist[10].) Als Folge der Feststellung, daß es in der Türkei nur Türken geben dürfe, wurde gegenüber den Kurden eine Politik der Zwangsassimilierung verfolgt, die wiederum zu mehreren Aufständen der Kurden führte. Der Engländer M. Philips Price, selbst ein persönlicher Freund vieler kemalistischer Führer und Kenner der kemalistischen Sichtweise, schrieb über die türkische Kurdenpolitik seit 1925: »Viele kurdische Ağas wurden gehenkt, und ganze Stämme ins Innere Anatoliens verschleppt. Dort wurden sie von türkischen Bauern umgeben, während ihre Heimat mit Türken besiedelt wurde. Die nationalistischen Türken weigern sich seit dieser Zeit, die Kurden als ein eigenes Volk anzuerkennen, obwohl jedermann weiß, daß sie ihre eigene Sprache haben.«[11] Tausende Kurden kamen durch diese Zwangsumsiedlungen und durch die Niederschlagung der Aufstände ums Leben. Daß die Führung dieser Rebellionen in der Hand der kurdischen Ağas lag und der Islam als Ideologie dabei eine bedeutende Rolle spielte, trifft zu. Der zentrale Faktor war jedoch die Nationalitätenfrage und ist es bis heute geblieben (siehe Seite 76).

Islamische Sekten

Aus dem Volksislam gingen immer wieder Sekten hervor, die für sich in Anspruch nahmen, den ›wahren‹ Islam zu vertreten. Einzelne dieser Sekten fanden auch am Hof des Sultan-Kalifen ihre Anhänger und Förderer, so daß sie auch eine politische Rolle spielten. Wir wollen im folgenden eine Unterscheidung dahingehend vornehmen, ob die einzelnen Sekten schon in der Zeit des Osmanischen Reiches existierten oder erst als Antwort auf den Kemalismus entstanden sind. Diese Unterscheidung bedeutet nicht, daß die tradierten Sekten nicht in Opposition zum Kemalismus gestanden hätten, aber während sie ihr religiös-ideologisches Denken auf die neue Situation umstellen mußten, was oft zu schwer durchschaubaren Konstrukten führte, konnten die neuentstandenen Sekten ihren Antikemalismus ohne Vorbelastung formulieren. Die neuentstandenen Gemeinschaften spiegeln daher das ideologische Konzept offenkundiger wider, weshalb ihre Darstellung prägnanter das Wesen der Sekten in der türkischen Republik erkennen läßt.

Tradierte Sekten

Allen diesen Sekten ist gemeinsam, daß sie sich über Jahrhunderte hinweg entwickelt haben, weshalb eine verläßliche Auskunft über die Umstände ihrer Entstehung kaum zu erhalten ist. Immerhin ist in den meisten Fällen der Name ihres Gründers bekannt. Wir nennen nur die wichtigsten.

Der Orden der *Bektâşî* soll von Haci Bektaş Velî gegründet worden sein, der im 13. Jahrhundert in Anatolien lebte. Bei den Bektâşî ist auffallend, daß sie vorislamische Gedanken, islamische Häresien und christliche Elemente aufgenommen haben. Sie berufen sich auf Ali, den Schwiegersohn des Propheten Mohammed, und bilden jene Sekte, die mit den Alewiten in Zusammenhang steht. Sie wurden wie alle anderen Orden und Sekten 1925 verboten, existieren jedoch vor allem in ländlichen Gebieten weiter[12].

Die *tanzenden Derwische (Mevlevîyye)* haben ihr religiöses Zentrum in Konya, wo der Orden Mitte des 13. Jahrhunderts von Gelal al-Din (Celâleddin) Rumi gegründet wurde. Als Dichter und Mystiker steht Rumi auch außerhalb der Türkei noch heute in hohem Ansehen. Die europäische Bezeichnung ›tanzende Derwische‹ bezieht sich auf die rituellen Tänze der Ordensmitglieder, die sich durch eine kreisende Tanzbewegung in Ekstase bringen. Die Derwische waren im Osmanischen Reich eng mit dem Sultanat/Kalifat verbunden. Ihre politische Vormachtstellung kam durch ihr Privileg, den Sultan bei seiner Amtseinführung mit dem Schwert zu umgürten, öffentlich zum Ausdruck. Mehrere Sultane sollen selbst Ordensmitglieder gewesen sein[13].

Der *Nakşbendî*-Orden wurde im 14. Jahrhundert von dem aus Buhara stammenden Muhammet Bahaüddin Nakşbend gegründet[14]. Er spielte eine führende Rolle bei den ersten Kurdenaufständen 1925. Als Reaktion darauf wurden im selben Jahr alle Orden in der Türkei verboten, doch zumeist existierten sie in der Illegalität weiter. Im Zusammenhang mit der Gründung der ›Freien Partei‹ kam es 1930 erneut zu einem Ordensaufstand gegen Atatürk. Er wurde angeführt von dem Nakşbendî-Derwisch Mehmet und seinen Brüdern. »Derwisch Mehmet verkündete in der Moschee, er werde nach dem Morgengebet die Regierung in Ankara stürzen und dem Sohn des

Sultans Abdulhamid des II., Selim, zur Macht verhelfen. Als das Militär die aufgebrachte Menge zu bändigen versuchte, töteten die Derwische einen Offizier, sägten ihm den Kopf ab und versuchten die Menge zur Konterrevolution aufzustacheln. Das Ziel dieses von Nakşbendî geleiteten Aufstandes wurde von dem damaligen Ministerpräsidenten Ismet Inönü kurz als ›Einführung des Sheriatrechts, Umsturz der bestehenden sozialen und politischen Ordnung‹ bezeichnet.« [15] Auch heute noch besitzen Orden wie die tanzenden Derwische und die Nakşbendî in Kreisen islamischer Fundamentalisten in der Türkei einen Einfluß, der nicht unterschätzt werden darf (siehe Seite 93) [16].

Zum Schluß sei noch der Orden der *Ticânîlik* genannt. Er wurde im 18. Jahrhundert von Abül Abbas Ahmed Tîcânî gegründet (und wird teilweise in der Literatur mit dem aus Nordafrika stammenden Orden der Tecânîyye verwechselt). Offiziell gehört es zu seiner Lehre, keine Politik zu betreiben, dennoch waren seine Anhänger die ersten, die sich nach dem Zweiten Weltkrieg und dem Übergang zum Mehrparteiensystem für die Abschaffung des Laizismus einsetzten. Sie veröffentlichten Schriften gegen Atatürk und zerstörten Atatürk-Denkmäler. Ihre Rolle ging in der Folgezeit jedoch bis zur Bedeutungslosigkeit zurück und wurde von anderen, neuentstandenen Sekten ubernommen [17].

Neuentstandene Sekten

Die *Nurculuk*-Bewegung ist im Zuge der Reislamisierungsbestrebungen nach dem Zweiten Weltkrieg entstanden. Ihr Gründungsdatum wird zum Teil mit 1952 angegeben, doch höchstwahrscheinlich hat sie sich schon früher herausgebildet. Vom Leben ihres Gründers, Said Nurci, ist wenig bekannt, weshalb auch die Entstehungsgeschichte der Sekte im Dunkeln liegt. Bekannt ist, daß Said Nurci 1873 in Nurs (bei Bitlis in der Osttürkei) geboren wurde und islamische Theologie studierte. Seine über 150 Bücher und Broschüren sind heute als ›Flugschrift des Lichts‹ *(Risâle-i Nûr)* gesammelt und umfassen einige tausend Seiten [18].

Da nach Ansicht der Nurcular der Islam ein umfassendes System darstellt, hat er als Grundlage des Staatsaufbaus zu dienen. Einer irgendwie gearteten Verfassung herkömmlicher Art bedarf es nicht; Basis des gesamten Rechtssystems sollte die Sharia sein. Für das Familienrecht bedeutet dies zum Beispiel die Forderung nach Zulassung der Polygamie[19]. Da Said Nurci Bildung geringschätzte, wendet sich die Bewegung vor allem an einfache, ungebildete Menschen[20].

Wenig bekannt ist über die Stellung der Kurden in dieser Bewegung. Die Herkunft Nurcis aus der Osttürkei und die Tatsache, daß er teilweise auch als Said Kürdi bezeichnet wird, legen nahe, daß die Nurcular zwischen Kurden und Türken unterscheiden[21]. In Said Nurcis *Risâle-i Nûr* taucht auch regelmäßig die Anredeformel ›Oh Türken und Kurden‹ auf[22]. Inwiefern diese Tatsache für die heutige Tätigkeit der Sekte von Bedeutung ist, läßt sich jedoch nicht sagen.

»In der heutigen Türkei fallen seine Anhänger durch ihre reaktionären Ziele auf. Ihr Hauptanliegen ist, einen Schulunterricht herbeizuführen, der nur auf dem Koran fußt. Als Fernziel wird die Errichtung eines islamischen Staates angegeben. Um dies zu erreichen, haben sie sich … in Zellen organisiert, die über das ganze Land verteilt sind. Gleichzeitig versuchen sie, mit ihnen ergebenen Leuten die wichtigsten Bereiche der Verwaltung zu unterwandern. Ein Mitglied der Nurcu meinte 1968, daß sich ungefähr 500.000 bis 600.000 Türken in der sogenannten Nurculuk-Bewegung zusammengeschlossen hätten. Diese Ziffer ist sicherlich überzogen, doch können keine genauen Zahlen genannt werden, weil sich die Nurculuk-Bewegung wie ein Geheimbund organisiert hat. Als sicher gilt, daß die Nurcus heute in der Türkei Einfluß haben, denn die Schriften ihres Gründers können im Handel frei verkauft werden, und durch ihre Zeitschriften verbreiten sie offen ihr Gedankengut. Die Haltung der Politiker gegenüber dieser Bewegung wurde zweifelsohne von taktischen Überlegungen beeinflußt; sie brauchen Wählerstimmen und nahmen deshalb eine tolerante Haltung ein.«[23] Letzteres ist umso bedeutsamer, als durch ein Urteil des Revisionsgerichtes vom 20.9.1965 (Nr. 243-D1 und 131) die Anhängerschaft zur Nurculuk-Bewegung unter Strafe steht[24].

Gründer der *Süleymancılık*-Bewegung ist Süleyman Hilmi Tunalihan (Tunahan). Er wurde 1888 in Silistria (im heutigen Rumänien) geboren und starb 1959 in Istanbul. Tunalihan studierte an der Hochschule für islamische Theologie in Istanbul, war zeitweise Mitglied des Nakşbendî-Ordens und bis 1943 als Prediger tätig. Seine Mitgliedschaft im Nakşbendî-Orden macht verständlich, warum in der Literatur zum Teil die Süleymancılar als von den Nakşbendî beeinflußt dargestellt werden, doch bilden sie auf jeden Fall eine eigenständige Sekte, die zu den Nakşbendî auch heute noch in Konkurrenz steht (siehe Seite 93). Teilweise wird auch behauptet, die Süleymancılar stünden der Mahdi-Bewegung im Sudan nahe[25].

Besonders auffallend an den Süleymancılar ist ihre Intellektuellen- und Bildungsfeindlichkeit. Sie nehmen keine Intellektuellen in ihre Reihen auf, da diese nicht verschwiegen sein könnten[26]. Die von Atatürk eingeführte Lateinschrift lehnen sie grundsätzlich ab, und Frauen dürfen als einzige Lektüre nur den Koran lesen[27].

Die Süleymancılık-Bewegung nennt als ihr Ziel, ein islamisches Heer aufzustellen und das Kalifat wieder zu errichten[28]. Wie militant der islamische Fundamentalismus dieser Sekte ist, zeigt das folgende Beispiel: »Die Süleymancılar haben in der Türkei vor und während des Zweiten Weltkrieges propagiert, Hitler sei ein Mohammedaner, er würde die Türkei erobern und die vom Christentum beeinflußte damalige gottlose Inönü-Regierung stürzen und einen islamisch-türkischen Staat gründen. Der Gründer des Süleymanismus, Tunahan, werde Oberhaupt dieses islamisch-türkischen Staates sein. Aus diesem Grund wurde unter der Leitung des früheren Mufti von Jerusalem eine Militäreinheit gegründet, die illegal aus der Türkei ausreiste und sich in Jugoslawien Hitlers islamischen SS-Einheiten anschloß.«[29]

Nach dem Zweiten Weltkrieg unterstützten die Süleymancılar zunächst die ›Demokratische Partei‹ von Menderes, später verschiedene Nachfolgeparteien. Um Wählerstimmen an sich zu binden, versprach 1977 die ›Gerechtigkeitspartei‹ Demirels den Süleymancılar zwölf Sitze im Parlament, falls sie die ›Gerechtigkeitspartei‹ aktiv unterstützten (siehe auch Seite 94)[30].

Das heutige Gedankengut dieser Sekte läßt sich besonders deutlich anhand von Zitaten aus der Zeitschrift *Anadolu* (ihrem Sprachrohr in der Bundesrepublik Deutschland) darstellen. Im folgenden eine kleine Auswahl:

»Das türkische Volk ist ein Herrschaftsvolk ...«[31]

»Religion bedeutet Sheriat. Sheriat heißt Religion. ... Einige sagen, sie wollen die Religion, aber nicht Sheriat. Mit dieser Aussage lehnen sie auch die Religion ab. Ohne Sheriat kann es keine Religion geben, und ohne Religion kann es kein Sheriat geben...«[32]

»... Jemand, der sich als Mohammedaner bekennt, muß sich den Gesetzen und Regeln des Islam unterwerfen. Wenn er die Verbote der Religion mißachtet, wird er nach den weltlichen Regeln des Islam bestraft, z. B. wer Alkohol genießt, wird geschlagen; ein Ehebrecher wird gesteinigt oder geschlagen; Dieben werden die Hände abgehackt; Mördern wird der Kopf abgehackt...«[33]

Als wichtige Gemeinsamkeit dieser Sekten ist eine mehr oder weniger deutlich ausgeprägte ablehnende Haltung gegenüber jedweder Modernisierung festzuhalten. Bildung und technische Entwicklungen gelten als Ausdruck der Gottlosigkeit. Nur was im Koran geschrieben steht, hat Gültigkeit. Die Frau hat sich bedingungslos dem Mann unterzuordnen. Sie halten damit die feudal-patriarchalische Ideologie des Osmanischen Reiches am Leben, die in der heutigen türkischen Gesellschaft dysfunktional geworden ist. Eine Anpassung an moderne Gegebenheiten findet kaum statt. Dies unterscheidet diese Sekten – wie noch darzulegen ist – von islamisch-fundamentalistischen Parteien in der Türkei.

Kapitel 4
Sozioökonomische Krisenentwicklung und Reislamisierung

Ökonomisch-politische Probleme nach dem Zweiten Weltkrieg

Atatürks Kemalismus sollte ein dritter Weg zwischen Kapitalismus und Sozialismus sein und der Türkei die nationale Souveränität und Unabhängigkeit – ökonomisch, politisch und militärisch – bringen. Gemäß dem Etatismus als einem der sechs Prinzipien des Kemalismus sollte auf wirtschaftlichem Gebiet ein großer industrieller Staatssektor entstehen, der jene Produktionsbereiche abdecken sollte, die zur industriellen Entwicklung notwendig, aber für die Privatwirtschaft nicht lukrativ oder finanzierbar waren. Dies wiederum war gedacht als Voraussetzung für das Entstehen privater Industrien, einer eigenen türkischen Unternehmerklasse, einer nationalen Bourgeoisie. Das bereits erwähnte Dilemma, daß mit der Gründung der Republik Türkei ein bürgerlicher Staat entstanden war, ohne daß diesem eine bürgerliche Schicht als gesellschaftliches Substrat entsprochen hätte, schien damit lösbar.

Die Entstehung der ›nationalen‹ Bourgeoisie

Nachdem in den zwanziger Jahren die Industrialisierung nur wenig vorangekommen war, bildete sich tatsächlich in den dreißiger Jahren eine türkische Kapitalistenklasse heraus. Typisch für diese Klasse ist ihre Entstehung aus der Handelsbourgeoisie beziehungsweise dem Bankgeschäft und der allmähliche Übergang zur industriellen Produktion, indem Kapitalien aus dem Handels- und Bankgeschäft zum mittlerweile profitabel gewordenen Aufbau von Fabriken eingesetzt wurden.

Ein Musterbeispiel hierfür ist die Koç-Holding, heute einer der größten Konzerne in der Türkei. Vehbi Koç gründete 1917 ein lokales Handelshaus in Ankara, das sehr erfolgreich war. 1928 eröffnete Koç das erste Büro für Außenhandel. Er erweiterte seine Handelstätigkeit auf verschiedene Branchen und gründete 1938 seine erste Aktiengesellschaft. Ab 1948 beschränkte er sich nicht mehr auf den Handel, sondern baute auch Fabriken auf. 1963 wurde die Koç-Holding gegründet. 1976 kaufte diese die Mehrheit an der Garanti Bankası, so daß ein großer Konzern entstanden war, der Waren herstellt, vertreibt und seine eigene Hausbank besitzt. 1976 bestand die Koç-Holding aus 59 verschiedenen Firmen. Neun davon zählten zu den hundert größten Unternehmen der Türkei. Die Holding selbst beschäftigt 26.000 Personen, doch kommen dazu noch etwa 50.000 Beschäftigte in 566 Betrieben, die nicht direkt zur Holding gehören, aber als Zulieferbetriebe von ihr abhängen[1]. Einen ganz ähnlichen Entwicklungsweg nahmen fast alle heute bedeutsamen Firmen in der Türkei.

Einerseits schien mit dieser Entwicklung die Überlegung der Kemalisten, durch einen starken Staatssektor eine Privatindustrie zu induzieren, aufzugehen. Doch andererseits verdankte diese neuentstandene ›nationale‹ Bourgeoisie ihren Aufstieg zwar dem Kemalismus, hatte aber, durch Kriegsgewinne im Zweiten Weltkrieg noch zusätzlich erstarkt, kein Interesse an einer ökonomisch unabhängigen Türkei. Vielmehr versprachen sich ihre Vertreter einen weiteren, profitbringenden Aufschwung von einer Kooperation mit ausländischen Investoren, von einer engen Verflechtung des türkischen mit ausländischem Kapital. Und auch der starke Staatssektor war der neuen Kapitalistenklasse vielfach ein Dorn im Auge, besaß er bislang doch das Monopol für verschiedene Produktionen, die mittlerweile auch privatwirtschaftlich profitabel geworden waren. Das heißt, in der Türkei war in den dreißiger und vierziger Jahren eine ökonomisch starke, an politischem Einfluß interessierte Klasse herangereift, die die Unabhängigkeit und den Etatismus, zwei Kerngedanken des Kemalismus, ablehnte. Diese innere Entwicklung traf mit einer außenpolitischen Situation zusammen, die der türkischen Bourgeoisie zusätzlichen Auftrieb verschaffte.

Die Einbindung in das westliche System

Aus dem Zweiten Weltkrieg waren die USA als die ökonomisch stärkste Siegermacht hervorgegangen. Um diese Führungsposition auszubauen, entwickelten sie bekanntlich ein Milliardenprogramm, den Marshall-Plan, mit dem sie allen für die USA strategisch interessanten Ländern umfangreiche Hilfe anboten, allerdings unter der Voraussetzung, daß diese Länder den wirtschaftlichen und politischen Neubeginn nach den Vorstellungen der Vereinigten Staaten ausrichteten. Diese Vorstellung fand in der Truman-Doktrin ihren Niederschlag. »Die Truman-Doktrin wurde letztlich entworfen, um den Status der Türkei und Griechenlands als Länder der Freien Welt zu sichern ...«[2] Die Türkei mit ihrer Wächterfunktion am Bosporus und als Grenzland zu dem im Entstehen begriffenen ›sozialistischen Lager‹ war für die USA geostrategisch von besonderem Interesse. Dem Land wurde umfangreiche Hilfe auf wirtschaftlichem und militärischem Gebiet angeboten, doch sie wurde an Bedingungen geknüpft, die den notwendigen Einfluß der USA sicherstellen sollten. Die USA boten Waffenlieferungen an, forderten im Gegenzug jedoch das Recht, auf türkischem Territorium militärische Stützpunkte zu errichten. Das erste geheime bilaterale Militärabkommen wurde 1947 geschlossen. Weitere Verträge folgten, bis schließlich die Türkei 1952 Mitglied der NATO wurde[3].

Außer militärischen Forderungen enthielt die Gewährung von US-Hilfe von Anfang an gezielte Bedingungen bezüglich der Entwicklungsrichtung der türkischen Wirtschaft. Die Pläne der USA sahen vor, die Türkei weiterhin im wesentlichen auf der Stufe eines Agrarlandes zu belassen. Deshalb waren Ideen von türkischer Seite, die den Aufbau einer Schwerindustrie vorsahen, in den Vereinigten Staaten nicht willkommen. Sie hielten es für nützlicher, wenn die Türkei einige Leichtindustrieprojekte in Angriff nähme; von einer umfassenden Industrialisierung wollten sie nichts wissen. Da die Kreditvergabe an die Durchführung der amerikanischen Entwicklungsvorstellungen gekoppelt war und die Türkei dringend Kredite benötigte, beugte sich die türkische Regierung dem Diktat. Zugleich entwickelte die erstarkte türkische Kapitalistenklasse die Forderungen der US-Wirtschaftskreise zu einem eigenen Programm, da nur dadurch eine problemlose Zusammenarbeit mit ausländischem Kapital möglich erschien. Politischer Träger dieser Programmatik wurde die ›Demokratische Partei‹ unter Menderes[4].

Das Mehrparteiensystem und die Islamisierung

Die Entstehung des Mehrparteiensystems

Nach dem Zweiten Weltkrieg entwickelte sich die Türkei nicht nur in Abhängigkeit von den westlichen Industrienationen unter der Führung der USA, sondern es wurde auch das von Atatürk eingeführte Einparteiensystem zugunsten einer Regierungsform aufgegeben, die sich an westlichen Demokratien orientierte. 1946 wurde das Mehrparteiensystem eingeführt, doch bestimmend für diesen Schritt war nicht das Bestreben, dem Volk mehr Demokratie zu gewähren, sondern die Verschiebung innerhalb der Klassenstruktur der Türkei; der wachsenden Bedeutung der Bourgeoisie sollte damit politisch Rechnung getragen werden. »Nachdem 1945 die Gründung von Parteien zugelassen worden war, rief Celal Bayar, der bis dahin zum rechten Flügel der Republikanischen Volkspartei gehört hatte, am 7. Januar 1946 die ›Demokratische Partei‹ ins Leben. Diese war ein Sammelbecken der Großgrundbesitzer und jener Elemente der Bourgeoisie, die der Privatinitiative den Vorzug gegenüber dem Staatsdirigismus gaben und sich mit dem amerikanischen Großkapital zu liieren wünschten.«[5] Bei den Wahlen im Mai 1950 stellte sich die Demokratische Partei zum ersten Mal den Wählern und gewann auf Anhieb haushoch: Sie errang vier Fünftel der Parlamentssitze, so daß der Übergang vom Ein- zum Mehrparteiensystem zugleich auch die Ablösung der Republikanischen Volkspartei der Kemalisten von der Regierungsverantwortung mit sich brachte.

Die Selbstdarstellung der Parteien und der Islam

Hatte die Herausbildung des Mehrparteiensystems ihre Ursache in der erstarkten Bourgeoisie und dem Interesse der USA an der Stärkung dieser Klasse, so war damit dennoch nur eine Verschiebung der Kräfteverhältnisse unter den *Eliten* des Landes eingetreten. Um jedoch aus Wahlen siegreich hervorzugehen, mußte dieses Elitenproblem in massenwirksame Parolen und Programme umgemünzt werden. Es galt für die konkurrierenden Eliten und Parteien, Themen zu finden, die sowohl ihren ökonomischen und politischen Zielen nicht widersprachen als auch Wählerstimmen einbringen konnten.

Die Liberalisierung der Wirtschaft und das Zurückdrängen des Etatismus waren die eigentlichen Ziele der Demokratischen Partei unter Menderes. Für die Mehrzahl der Wähler, insbesondere die kleinen Bauern und Landarbeiter, war dies jedoch uninteressant. Also versprach die Demokratische Partei zusätzlich die Förderung der Landwirtschaft, mehr Steuergerechtigkeit und die Bekämpfung der Inflation und nahm damit brennende Probleme der Bauern und anderer einfacher Schichten in ihr Programm auf[6]. Zweifelsohne hat diese Programmatik zu ihrem deutlichen Wahlsieg beigetragen, doch stellte sich nach der Wahl die Frage, ob und mit welchem Erfolg den Worten auch Taten folgen würden:

»Während der Regierungszeit der Demokratischen Partei von 1950 bis 1960, mit Bayar als Staatspräsidenten und Menderes als Ministerpräsidenten, stellen wir tatsächlich eine diesem Programm entsprechende Wirtschafts- und Gesellschaftspolitik fest. Die Regierung widmete sich vor allem der Modernisierung der Landwirtschaft mit den hauptsächlich aus den USA importierten Traktoren und anderen technischen Geräten. ... Hierdurch konnte die landwirtschaftliche Produktion erheblich gesteigert werden, während die Produktivität (kg/Hektar) stagnierte.«[7] Doch zugleich ist auch festzustellen: »Noch krasser als in den vorangegangenen Jahren kamen die technischen, mechanischen sowie finanziellen Verbesserungen nicht der Masse der Bauern, sondern in erster Linie Großgrundbesitzern und Großbauern zugute.«[8]

Die Hoffnungen breiter Massen auf ökonomische Besserstellung unter der neuen Regierung zerschlugen sich damit. Und zugleich wurde ein außerhalb der ökonomischen Programmatik liegendes Thema zum Propaganda- und Wahlkampfschlager der Demokratischen Partei: Menderes versprach, dem Islam wieder seine gebührende Stellung in der türkischen Gesellschaft zu verschaffen.

Diesem Trend zur Islamisierung der Gesellschaft folgend hatte die damals noch regierende Republikanische Volkspartei schon 1944 die Bildung einer Theologischen Fakultät an der Universität Ankara zugelassen und 1949 in den vierten und fünften Grundschulklassen den freiwilligen Religionsunterricht gestattet[9]. Mit dem Übergang zum Mehrparteiensystem verstärkte sich dieser Trend deutlich. Von den 24 Parteien, die nunmehr gegründet wurden, hatten allein sieben als programmatischen Hauptpunkt die Reislamisierung. Als dann 1950 die Demokratische Partei die Wahlen gewann, war es eine ihrer ersten Maßnahmen, jenen Artikel 526 des türkischen Strafgesetzbuches zu verändern, der bislang festgelegt hatte, daß der Aufruf zum Gebet *(ezan)* nur auf Türkisch (also nicht in Arabisch) gesprochen werden dürfe. Weitere Änderungen folgten in rascher Reihenfolge: Der Koran und religiöse Sendungen durften wieder über den Rundfunk verbreitet werden. Der Religionsunterricht an den Schulen wurde erweitert, und – im Gegensatz zur bisherigen Freiwilligkeit der Teilnahme – mußten nunmehr Eltern, die ihre Kinder nicht am Religionsunterricht teilnehmen lassen wollten, dies schriftlich begründen[10].

Der Erfolg und die Popularität derartiger Maßnahmen machte deutlich, daß allein das Diktat des Einparteiensystems es bislang ermöglicht hatte, die islamischen Tendenzen unter Kontrolle zu halten: »Zwischen 1950 und 1960 wurden mehr Moscheen als Schulen gebaut. Ende der sechziger Jahre standen 10.000 offiziellen Korankursen 40.000 private gegenüber. Man kann sagen, daß dieser Prozeß ein direkter Ausfluß des Mehrparteiensystems war; denn während Atatürk mit seiner Einparteienherrschaft sich keiner pluralistischen Konkurrenz anderer politischer Programme zu stellen brauchte, geriet die Islamisierung zuerst des Schulwesens und später anderer Bereiche in den fünfziger Jahren zu einem wahren Wahlkampfschlager: Die Rückkehr des Islam ins öffentliche Leben entsprach dem Willen des Volkes.«[11]

Die Islamisierung als einlösbares Wahlversprechen

Das Mehrparteiensystem hatte die Voraussetzungen geschaffen, daß der Volkswille sich zumindest in der Weise artikulieren konnte, daß die Parteien auf Wahlkundgebungen und dann beim Wahlakt selbst erfuhren, was bei den Massen ankam. Da das Versprechen, die Gesellschaft zu islamisieren, sich als besonders massenwirksam erwies, wird der Beginn der Reislamisierungstendenzen in der Türkei von verschiedenen Autoren mit dem Übergang zum Mehrparteiensystem gleichgesetzt[12]. Hier ist jedoch ein wichtiger Vorbehalt anzumerken:

Reislamisierung meint die Rückbesinnung auf islamische Werte und Traditionen (siehe Kapitel 1). Die bisherige Darstellung legt jedoch nahe, daß diese Traditionen vielfach unter der Einparteienherrschaft fortexistiert haben, allerdings ohne sich artikulieren zu können. Der Übergang zum Mehrparteiensystem war sicherlich mit einer Islamisierung der Gesellschaft verbunden, die den Bedürfnissen und Wünschen breiter Bevölkerungsteile Rechnung trug. Es war eine Renaissance des Islam im öffentlichen Leben, aber wohl nur zum Teil eine Reislamisierung im Denken der Menschen, denn diese kehrten nicht zu etwas Vergessenem zurück, sondern fanden endlich die Möglichkeit, ihr ohnehin islamisches Denken und Fühlen öffentlich zu bezeugen.

Die Islamisierung des öffentlichen Lebens war in diesem Sinne der erfolgreiche Versuch der Parteien, zusätzlich zu ihren eigenen Elitezielen massenwirksame Wahlversprechen zu finden, die die ökonomischen und politischen Zielsetzungen nicht störten und deshalb problemlos (und ohne hohen Kostenaufwand) einlösbar waren. Hierin liegt auch die ›paradoxe‹ Programmatik der Demokratischen Partei begründet, die westlichen Liberalismus mit der Islamisierung der Gesellschaft verband.

Wirtschaftskrisen und soziale Folgen

Die Strategie der Importsubstitution

Der kemalistische Weg, der grundlegend auf die Unabhängigkeit des Landes bedacht war, wurde nach dem Zweiten Weltkrieg verlassen. Die Entwicklungsstrategie der türkischen Bourgeoisie in Zusammenarbeit mit ausländischem Kapital führte zu einer verzerrten, von ausländischen Waren immer stärker abhängigen Wirtschaft. Dieser für zahlreiche Entwicklungsländer typische Weg besitzt einen charakteristischen ökonomischen Krisenmechanismus, der sich kurz so darstellen läßt:

Da die inländische Industrie und Landwirtschaft zahlreiche Waren aus dem Ausland beschaffen muß, führt jede Steigerung des Sozialprodukts auch zu einer Steigerung der Einfuhren. Um diese Einfuhren bezahlen zu können, wären ebenfalls steigende Deviseneinnahmen des Landes notwendig. Die wichtigste Deviseneinnahmequelle zahlreicher Entwicklungsländer sind Exporte von Rohstoffen oder Agrarprodukten, deren Preise am Weltmarkt im Vergleich zu Industrieprodukten unterbewertet sind. Eine ausreichende Steigerung der Deviseneinnahmen (sehen wir von den verschiedenen erdölexportierenden Ländern ab) ist deshalb meist nicht möglich, so daß Entwicklungsländer beständig mit dem Problem eines Zahlungsbilanzdefizits zu kämpfen haben. Zeitweilig läßt sich dieses Problem durch Schuldenaufnahme im Ausland auffangen, aber mit dem weiteren Ansteigen von Schulden und Defizit verliert das Land seine internationale Kreditwürdigkeit, Devisen werden knapp, und zur Produktion notwendige Waren können nicht mehr in ausreichender Menge eingeführt werden. Das Sozialprodukt sinkt, die knappen Waren heizen die Inflation an, und eine typische Entwicklungsländer-Wirtschaftskrise ist entstanden [13].

Die Nachkriegsentwicklung der Türkei hat drei solcher Krisen erlebt, in deren Folge jeweils (1960, 1971 und 1980) die Militärs die Macht übernahmen, dann aber nach einiger Zeit wieder in die Kasernen zurückkehrten. Neben dieser aktuellen Krisen›lösung‹ entstand unter den großen Parteien im Laufe der Zeit aber auch ein Konsens des längerfristigen Krisenmanagements: Da die Wurzel der ökonomischen Krise in der Importabhängigkeit der Türkei lag, entwickelten die Parteien und Regierungen Konzeptionen, die den Aufbau einer türkischen Industrie vorsahen, die jene Waren herstellen sollte, die bislang eingeführt werden mußten. Dieses Ziel wurde zusammengefaßt unter dem Begriff der Strategie der importsubstituierenden Investitionen. Das heißt, der türkische Staat sollte gezielt Investitionen unterstützen oder selbst vornehmen, um Fabriken zu errichten, deren Produkte ausländische Waren ersetzen konnten.

Da das Ziel der Importsubstitution letztlich die ökonomische Unabhängigkeit des Landes sein sollte, stand diese Strategie real und in der Ideologie der jeweiligen Regierungen in der kemalistischen Tradition. Aus der Erfahrung der wiederkehrenden Krisen geboren, war die Importsubstitution konsensfähig unter den beiden großen Parteien (Republikanische Volkspartei CHP und Gerechtigkeitspartei AP) wie auch innerhalb der militärischen Elite, die mit der Machtübernahme in jeder Krise die Weichen für die folgenden Jahre stellte.

Die mit dem Auslandskapital verflochtene Großbourgeoisie hatte an einer konsequenten Importsubstitutionsstrategie kein Interesse: Sie profitierte von der Zusammenarbeit mit ausländischem Kapital, war deshalb für mehr Liberalismus und mußte befürchten, daß im Rahmen der Importsubstitution entstehende Fabriken zu störenden Konkurrenten würden. Da die Großindustrie zugleich den Hauptträger der ökonomischen Prosperität in der Türkei bildete und über die fortgeschrittensten Technologien und Anlagen verfügte, war zu erwarten, daß ihre ökonomische und politische Machtposition eine konsequente Importsubstitutionspolitik untergraben würde. In der Tat waren schon die ersten Pläne recht halbherzig, und in der Praxis zeigte sich, daß die Gratwanderung der Regierungen zwischen Importsubstitution und Liberalismus von der ursprünglichen Zielsetzung nur noch wenig übrigließ [14].

Besonders deutlich wurde diese Gratwanderung an dem letzten und weitreichendsten Versuch, ein Konzept der Importsubstitution zu entwickeln: dem ›Volkssektor‹-Programm der CHP in den siebziger Jahren. Dieses Programm sah einerseits vor, der Armut auf dem Lande durch die Gründung von Bauernkooperativen zu begegnen, andererseits sollte eine Importsubstitutionsindustrie auf der Basis einer breiten Aktienstreuung unter Arbeitern und Angestellten sowie durch Gastarbeiterüberweisungen aus dem Ausland errichtet werden. Jedoch gelang es führenden Industriellen, an ihrer Spitze Vehbi Koç, sowie mit der Großindustrie verflochtenen Banken durch Täuschung und systematische Kreditverweigerung das Volkssektor-Programm zu sabotieren, obwohl im Parlament dafür eine Mehrheit vorhanden war. Der Importsubstitutionsstrategie erging es damit ebenso wie den verschiedenen Anläufen zu einer Landreform: Der Widerstand der Großindustrie beziehungsweise der Großgrundbesitzer ließ beide Projekte scheitern[15].

Die Folge: Ökonomische und soziale Polarisierung

Die Rückständigkeit weiter Teile der Landwirtschaft, von der einige Großgrundbesitzer profitierten, und die Industrieentwicklung gemäß den Interessen in- und ausländischer Großkapitalien führten zu einem Prozeß der sozialen und ökonomischen Polarisierung der Gesellschaft, der Marginalisierung weiter Teile der Bevölkerung. Einige Zahlen sollen dies veranschaulichen:

TABELLE 1
Zuwachs des Bruttosozialprodukts in der Türkei von 1964 bis 1984

1964	4,0 %	1971	10,2 %	1978	3,0 %
1965	3,2 %	1972	7,5 %	1979	- 0,4 %
1966	12,0 %	1973	5,5 %	1980	- 1,1 %
1967	4,3 %	1974	7,4 %	1981	4,1 %
1968	6,6 %	1975	8,0 %	1982	4,6 %
1969	5,4 %	1976	7,7 %	1983	3,2 %
1970	5,7 %	1977	3,9 %	1984	5,7 %

Tabelle 1 verdeutlicht, daß die Türkei in den letzten zwei Jahrzehnten sehr wohl eine hohe ökonomische Prosperität aufzuweisen hatte. Die Zuwachsraten des Bruttosozialprodukts lagen über dem Durchschnitt der Industrieländer! Andererseits führte die hohe Importabhängigkeit ab Mitte der siebziger Jahre zu rückläufigen Zuwachsraten und 1979/80 zu einem Sinken des Bruttosozialprodukts.

TABELLE 2
Anteil der Sektoren Landwirtschaft, Industrie und Dienstleistungssektor am Bruttoinlandsprodukt[17]

	1962	1978
Landwirtschaft	40,0 %	22,2 %
Industrie	22,0 %	29,5 %
Dienstleistungssektor	38,0 %	48,3 %
	100,0 %	100,0 %

TABELLE 3
Zahl der Arbeitskräfte in Landwirtschaft, Industrie und Dienstleistungssektor [18]

	1962	1979
Landwirtschaft	9.740.000 = 77,0 %	9.070.000 = 60,5 %
Industrie	1.295.000 = 10,3 %	2.491.000 = 16,6 %
Dienstleistungen	1.608.000 = 12,7 %	3.445.000 = 22,9 %
	12.643.000 = 100,0 %	15.006.000 = 100,0 %

Tabelle 2 und 3 verdeutlichen einerseits, daß auch heute noch die Türkei im wesentlichen ein Agrarland ist; über 60 Prozent der Beschäftigten sind in der Landwirtschaft tätig. Andererseits wird aber auch deutlich, daß die hohe Prosperität der letzten Jahrzehnte an der Landwirtschaft vorbeigegangen ist: Der Anteil der Landwirtschaft am Bruttoinlandsprodukt sank von 40,0 Prozent auf 22,2 Prozent, obwohl die Zahl der landwirtschaftlich Beschäftigten nur geringfügig gesunken ist (von 9,7 auf 9,0 Millionen). Folge dieser Entwicklung waren sinkende Einkommen bei den landwirtschaftlich Beschäftigten und daraus resultierend eine hohe Landflucht. Um die Städte bildeten sich *gecekondus* (= über Nacht gebaute Hütten). Das offizielle Existenzminimum wurde 1973 mit 15.000 bis 25.000 türkische Lira beziffert. Von den 3,8 Millionen Familien, die in der Landwirtschaft tätig waren, mußten im selben Jahr 76,4 Prozent am oder unter diesem Existenzminimum leben [19]. Den Anteil der Slumbewohner an der Einwohnerzahl beziffern Roth/Taylan für Ankara mit 74 Prozent, für Istanbul mit 49 Prozent und für Izmir mit 61 Prozent [20]. Die offiziell registrierte Arbeitslosigkeit betrug 14,8 Prozent im Jahr 1980 und 16,5 Prozent 1984 [21]. Verschiedene Schätzungen gehen jedoch realistischerweise von einer gut doppelt so hohen tatsächlichen Arbeitslosenquote aus [22]. Die Inflationsrate erreichte 1980 ihren Höhepunkt mit über 100 Prozent Jahresteuerung und liegt mittlerweile bei rund 35 Prozent.

Die genannten Zahlen zusammengenommen machen deutlich, daß – von einigen Großgrundbesitzern abgesehen – die landwirtschaftliche Bevölkerung von der ökonomischen Prosperität der letzten Jahrzehnte nicht profitierte; im Gegenteil wurde auf ihrem Rücken der Industrialisierungsprozeß ausgetragen. Es entstand damit einerseits eine Polarisierung zwischen Stadt und

Land, die sich in Landflucht und der Bildung von *gecekondus* niederschlug, andererseits schuf auch die hohe Dynamik der städtischen Entwicklung eine Polarisierung:

Der Vormarsch der Industrieholdings drängte den traditionell starken ökonomischen und politischen Einfluß der Kleinbourgeoisie (Kleinunternehmer, Händler, Handwerker) zurück und überschwemmte den Markt mit großindustriell produzierten bzw. aus dem Ausland importierten Waren. Die einstmals relativ homogene städtische Bourgeoisie zerfiel in zwei Lager mit unterschiedlichen Interessen: Die Großindustrie profitierte von der Konzentration der Kapitalien und der Auslandsverflechtung, die Kleinbourgeoisie sehnte sich zurück nach jenen Zeiten, als dezentrale und autonome Produktion gesichertes Einkommen und politischen Einfluß ermöglichten. Zugleich begann mit diesem Prozeß der großindustriellen Kapitalisierung des Landes auch die Herausbildung einer Industrie-Arbeiterklasse, deren ökonomische Situation wir nun betrachten:

TABELLE 4
Reallohnentwicklung 1960 bis 1984
(inflationsbereinigter durchschnittlicher Tageslohnindex)[23]

1960	25.5	1973	34.7	1979	31.9
1962	27.4	1974	35.2	1980	23.9
1965	32.0	1975	36.5	1981	22.1
1967	31.0	1976	41.8	1982	21.2
1970	35.3	1977	42.1	1983	22.5
1972	32.0	1978	36.9	1984	21.4

Tabelle 4 verdeutlicht, daß die Arbeiterklasse im Unterschied zu den landwirtschaftlich Beschäftigten eine andere ökonomische Entwicklung durchlaufen hat: Die Reallöhne stiegen von 1960 (25.5) bis 1977 (42.1) kräftig an. Das heißt, die Arbeiterschaft profitierte mit von der ökonomischen Prosperitätsphase. In der Krise nach 1977 wurde sie jedoch am stärksten betroffen; innerhalb von vier Jahren sanken die Reallöhne unter den Stand von 1960, und diese Tendenz hält, wenn auch weniger drastisch, nach wie vor an.

Damit ergibt sich folgendes Bild: Die aus dem Osmanischen Reich ererbte Wirtschaftsstruktur der modernen Türkei wurde nach dem Zweiten Weltkrieg weitgehend zerstört, dafür eine verzerrte kapitalistische Wirtschaftsstruktur errichtet. Für jene Menschen, auf deren Rücken beständig diese Entwicklung ausgetragen wurde, steht zu erwarten, daß sie sich von einer Rückkehr zur alten osmanischen ›Pracht‹ eine Besserung erwarten, daß ihre grundlegende politische Haltung konservativ ist und sie deshalb auch für Reislamisierungstendenzen empfänglich sind. Die Arbeiterklasse, die über Jahre hinweg von der Kapitalisierung profitierte, dann aber auch deren Kehrseite zu spüren bekam, müßte vom Ökonomischen her betrachtet für Ideen der Verbesserung beziehungsweise der Überwindung des Kapitalismus, für eine fortschrittliche politische Haltung empfänglich sein. Wir werden noch untersuchen, ob eine solche These verifizierbar ist.

Nicht nur in der Ökonomie, auch im sozialen Leben hinterließ die fortschreitende Kapitalisierung tiefgreifende Veränderungen. Am Beispiel der Familienstruktur sei dies verdeutlicht: »Eine im Jahre 1968 von Soziologen der Universität Ankara durchgeführte Repräsentativuntersuchung über die Verteilung der Familienformen in allen Regionen der Türkei brachte das für manchen überraschende Resultat, daß nur noch eine Minderheit der türkischen Bevölkerung in einer Großfamilie, bestehend aus drei Generationen, zusammenlebt und den gemeinsamen Besitz bewirtschaftet. ... Auch in der Türkei ist also die Klein- und Kernfamilie, zu der lediglich Eltern und unverheiratete Kinder gehören, der dominierende Familientypus. ... (Die) Marginalisierungs- und Proletarisierungsprozesse im türkischen Dorf haben der traditionellen Familienform bei der Mehrheit der Dorfbevölkerung die ökonomische Basis entzogen.«[24] Allerdings ist auch heute noch ein deutliches Gefälle zwischen der Familienstruktur in entwickelten und wenig entwickelten Gebieten festzustellen: In entwickelten Gebieten beträgt die durchschnittliche Zahl der erwachsenen Familienmitglieder 5,7 Personen, während es in wenig entwickelten Gebieten 7,1 Personen sind[25].

Dabei kann diese Auflösung der traditionellen patriarchalischen Familienstruktur einerseits als Befreiung aus familiären Zwängen und Verpflichtungen empfunden werden, wie dies bei der Oberschicht und oberen Mittelschicht der Fall war und insbesondere auch unter zahlreichen Intellektuellen, andererseits stellt sie für die ländliche Bevölkerung in der Mehrzahl eine zwar unvermeidliche, von der Ökonomie diktierte Entwicklung dar; doch ohne daß an die Stelle des sozialen Netzes ›Großfamilie‹ ein modernes (Ver)Sicherungssystem getreten wäre, wird die Auflösung der traditionellen Familienstruktur von diesen Menschen als bedrohlich empfunden. Nicht nur die ökonomische Entwicklung, sondern auch die sozialen Umwälzungen im Gefolge der Kapitalisierung schufen damit Voraussetzungen und einen Nährboden für eine politische und ideologische Polarisierung, denn die etablierten Institutionen und Parteien erwiesen sich in den Augen großer Bevölkerungsteile als unfähig, die bedrohliche Verschlechterung der ökonomischen und sozialen Lage aufzuhalten.

Die Militärs als Hüter des Kemalismus?

Die Gratwanderung zwischen Liberalismus und Importsubstitution, die die beiden großen Parteien gemeinsam hatten, entsprach der Notwendigkeit, einerseits den Zielen der ökonomisch und politisch einflußreichen Großindustrie nachzukommen, andererseits eine Politik zu betreiben, die durch Krisenvermeidung die Masse der Wähler an die jeweilige Partei binden sollte. Mit dem Einsetzen der tiefen Wirtschaftskrise Mitte der siebziger Jahre und der damit verbundenen Marginalisierung großer Bevölkerungsteile wurde diese Gratwanderung immer schwieriger. Die wechselnden Regierungskoalitionen verwalteten nur die Wirtschaftskrise und entwickelten eine ausgefeilte Bestechungstechnik, um auch in der Krise Wähler an sich zu binden:

»Die langen Warteschlangen vor den Ministerien, wo viele geduldig mit kleinen Empfehlungskärtchen lokaler Parteifunktionäre und Abgeordneter Einlaß begehrten, war ein gewohntes Straßenbild Ankaras nach jeder Wahl. Ob es um eine Arbeit in einem staatlichen Produktionsbetrieb ging oder um eine Stelle als Hausmeister in der Verwaltung, die Parteien zeigten sich erkenntlich. Nach jeder Wahl blähte sich die staatliche Beschäftigung auf …«[26] Die jeweiligen Regierungen schütteten Gelder und Subventionen aus, um die Wahl zu gewinnen, obwohl diese Gelder in der Staatskasse real nicht vorhanden waren. Die Quittung bekam die Bevölkerung in Form einer immer höheren

Inflationsrate, die die Wahlgeschenke binnen kurzem wieder auffraß. Das Wahlversprechungskarussell konnte erneut beginnen.

In dieser Situation gewannen die beiden kleinen Parteien (die Nationale Heilspartei MSP und die Nationale Aktionspartei MHP; siehe Kapitel 6) an Bedeutung. Wähler, die sich von den großen Parteien betrogen fühlten, wandten sich ihnen zu. Ihre rückwärtsgewandten Ideologien versprachen, zur alten osmanischen ›Pracht‹ zurückzukehren, und zwar in doppelter Hinsicht: Die Türkei sollte wieder ein türkisches Großreich werden (Panturanismus), und sie sollte wieder ein mächtiger, das heißt islamischer Staat werden (islamischer Fundamentalismus). Gerade die Verschmelzung beider Ideen erwies sich als besonders erfolgreich. Zugleich wurden MSP und MHP durch ihre Erfolge zum Zünglein an der Waage im Parlament.

Aus der Sicht der Großindustrie war dies ein unerträglicher Zustand. Rahmi Koç aus der Führungsmannschaft der mächtigen Koç-Holding erklärte rückblickend auf den Militärputsch vom 12. September 1980: »Der Unterschied ist folgender: Vor dem 12. September waren wir gezwungen, alles in einem demokratischen System zu tun. Dies machte es notwendig, Monate damit zu verbringen, Beschlüsse zu fassen und Ausführungsbestimmungen für Gesetze zu erstellen. Daß heißt, alles konnte nur schwierig und langwierig verwirklicht werden, und alles wurde von der politischen Seite betrachtet. Der Unterschied unter der Militärregierung ist der, daß es nicht die Schwierigkeit gibt, daß die gefällten Beschlüsse durch das Parlament müssen. Deshalb kann man sehr schnell vorgehen. … Das wichtigste ist, daß hierbei die Politik kein Thema ist. Denn die Militärregierung hat keine Sorge um Sitzverluste im Parlament oder um Wählerverluste.«[27]

Nicht nur in diesem Punkt waren sich die industrielle und die militärische Elite einig; auch die übrigen Zielsetzungen der Militärs, die zu ihrem Putsch führten, entsprachen den Vorstellungen der Großindustrie. Dies gilt insbesondere für die Stellung beider Gruppen zu den Forderungen des Internationalen Währungsfonds (IWF): Als Ende der siebziger Jahre die Türkei international zahlungsunfähig geworden war, verordnete der IWF dem Land eine grundlegend neue Wirtschaftspolitik. Hatte bislang die offizielle Politik der Türkei in der Importsubstitutionsstrategie bestanden, also in dem Versuch, mit untauglichen Mitteln einen durchaus richtigen Anspruch auf mehr Unabhängigkeit zu verwirklichen, so besteht die neue Wirtschaftspolitik des Monetarismus darin, die Abhängigkeit als unabänderlich zu betrachten und sich auf neue Weise damit zu arrangieren. Statt Einfuhren durch eigene Produktion überflüssig zu machen, sollten nunmehr die Importe durch steigende Exporte bezahlbar gemacht werden. Von der Großindustrie wie von den Militärs wurde dieses Eingreifen des IWF ausdrücklich begrüßt, und als die letzte zivile Regierung unter Demirel mit der Durchsetzung dieser Politik Schwierigkeiten hatte, putschten die Militärs, um in der Folgezeit konsequent die IWF-Forderungen in die Tat umzusetzen[28].

Diese Parallelität der Interessen von militärischer und industrieller Elite hat eine ihrer wichtigsten Ursachen in der Einbindung der Militärs in das großindustrielle System, die sich in den siebziger Jahren vollzogen hatte:

1974 wurde die ›OYAK-Yatırım ve Holding AS‹ gegründet. Sie bildet den militäreigenen Großkonzern. Die Militärs profitieren durch ihre Holding direkt von den Gewinnen in- und ausländischer Firmen. Ursprünglich war die OYAK 1961 als ›Armee-Hilfsorganisation‹ gegründet worden und hatte die Aufgabe, den Berufssoldaten Sozialhilfe zu leisten. Für diesen Zweck wurde vom Gehalt jedes Soldaten ein gewisser Prozentsatz einbehalten und an die OYAK abgeführt. Bei ihrer Gründung verfügte sie über ein Grundkapital von 44 Millionen türkischer Lira. Das Kapital wuchs rasch, und die OYAK begann, es gewinnbringend in Firmenbeteiligungen anzulegen. 1977 wies sie eine Bilanzsumme von 34 Milliarden Lira auf. Im gleichen Jahr lag der erwirtschaftete Gewinn bei 206 Millionen Lira und war damit höher als der der Iş-Bankası-Holding, einer der größten Gesellschaften in der Türkei überhaupt[29].

Seit Atatürk hatte die militärische Elite in der Türkei eine klare laizistische Position (d. h. Antifundamentalismus) und eine ebenso entschiedene Position gegen den Panturanismus eingenommen: »In seiner stringenten, auf die Landesgrenzen bezogenen Form wird Atatürks Nationalismusbegriff voran von den Militärs vertreten, während sich bei politischen Parteien andere Elemente dieses Terminus hinzugesellen.«[30] Diese beiden Punkte der kemalistischen Ideologie, mit denen auch die Großindustrie einverstanden war, hatten mit der Entwicklung der

OYAK-Holding auch ihre ›materielle Basis‹ erhalten; die Militärs waren in das westliche Industriesystem integriert. Es war deshalb zu erwarten, daß der dritte Putsch der Militärs im September 1980 dazu dienen würde, die letzten Schranken niederzureißen, die noch aus der Zeit des Bemühens um mehr ökonomische Unabhängigkeit des Landes übriggeblieben waren. Mit anderen Worten, die Militärs hatten im Laufe ihrer Entwicklung von der alten kemalistischen Ideologie nurmehr deren bürgerlich-nationale Komponente beibehalten, die antiimperialistische, auf Unabhängigkeit bedachte Tradition aber über Bord geworfen. Sie waren vom Hüter des Kemalismus zu Hütern der Großindustrie geworden.

Diese Verschiebungen innerhalb der politischen Eliten und ihrer Ideologien sollen nun auf ihre Auswirkungen auf die Masse der Bevölkerung untersucht werden.

Kapitel 5
Die Reislamisierung: Warum keine Linksentwicklung?

Über fünfunddreißig Jahre abhängiger Entwicklung in der Türkei hatten eine Situation geschaffen, in der die wachsende Unrentabilität der Landwirtschaft für viele Kleinbauern und Landarbeiter nur den Ausweg der Landflucht ließ. Die Bildung von *gecekondu*-Slums in den Städten, die wachsende Arbeitslosigkeit und der damit einhergehende Verfall des traditionellen sozialen Gefüges mußten viele Betroffene als existentielle Bedrohung empfinden. Die beiden großen, etablierten Parteien (CHP und AP), die über Jahrzehnte hinweg eine Politik betrieben hatten, an deren Ende die Wirtschaftskrise der späten siebziger Jahre stand, hatten in den Augen vieler versagt. Daß zahlreiche Menschen in dieser Situation nach einer ideologischen und politischen Alternative Ausschau hielten, war zu erwarten. Daß diese Alternative zunächst weitgehend im parlamentarischen Rahmen gesucht wurde und in Richtung einer Reislamisierung ging, bedarf einer weiteren Erklärung.

Zunächst zur Frage des parlamentarischen Rahmens. Das türkische Parlament glich Ende der siebziger Jahre eher dem mittelprächtig inszenierten show-down eines Western als einem Organ der Volksvertretung: Berichte über Rangeleien und Raufereien im und vor dem Plenarsaal, ›Palast‹intrigen, Korruption und Verleumdungen waren an der Tagesordnung. Die Arbeits- und Beschlußunfähigkeit des Parlaments zeigte sich schließlich in der Tatsache, daß in über einhundert (!) Wahlgängen kein neuer Staatspräsident gewählt werden konnte. Die einzelnen Wahlgänge gerieten zur Farce: Eine Parlamentarierstimme wurde zuletzt mit fünf Millionen Lira (ca. 110.000 DM) gehandelt, und verschiedentlich erhielten auch ausländische Staatsbürger Stimmen, so Ernest Hemingway und Brigitte Bardot, die es auf zwanzig Stimmen brachte[1].

Doch schon in den Jahren davor war allgemein bekannt, daß Korruption und Vetternwirtschaft eine der Arbeitsgrundlagen für die Regierungsbildung und Beschlußfassung waren. Sicherlich war dies dem Ruf des Parlaments abträglich, vor allem aber dem Image der beiden großen, das Parlament dominierenden Parteien. Andererseits beförderte diese Tatsache die Meinung, nicht der politische Kurs der Türkei an sich, sondern dessen korruptionsverfälschte Durchführung sei die Wurzel des Übels. Nicht die Problematik der abhängigen Entwicklung, der ökonomischen Basis, wurde zum Gegenstand der Kritik, sondern die fehlende ›Moral‹ der Politiker, der korrupte ideologisch-politische Überbau.

Parteien wie die MSP und MHP konnten sich deshalb profilieren, indem sie die Korruption anprangerten und versprachen, im Falle ihres Wahlsieges eine ›saubere‹ Politik zu betreiben. Die Praxis der offenkundigen Korruption bei den großen Parteien schuf also eine Situation, in der zunächst der parlamentarische Rahmen kaum in Frage gestellt wurde. Erst mit dem Fortschreiten der Wirtschaftskrise und dem Zerfall des Parlamentarismus insgesamt entstand für außerparlamentarische Aktivitäten eine größer werdende Massenbasis.

Damit ist auch ein erster Gesichtspunkt für die Dominanz der Reislamisierung als Alternative zur bestehenden Politik benannt, denn MSP und MHP mit ihrer fundamentalistischen Programmatik waren im parlamentarischen System etabliert und dort zugleich in der Rolle der Außenseiter, also geeignet, eine parlamentarische Alternative vorzustellen. Doch dieser Umstand begünstigte zwar den Zulauf zu MSP und MHP, erklärt aber nicht, warum gerade fundamentalistische Parteien sich parlamentarisch etablieren konnten. Entscheidend hierfür scheint uns die spezifische Form der Modernisierung in der Türkei zu sein.

Faktoren der Reislamisierung

Eine sozioökonomische Krise wie jene in den siebziger Jahren in der Türkei radikalisiert die von Verelendung betroffenen Massen und macht sie für extreme Ideologien empfänglich, weil die Herrschenden in ihren Augen versagt haben. Damit tritt auch eine scharfe Polarisierung auf: Da der gegenwärtige Zustand abgelehnt wird, findet entweder eine Rückbesinnung auf angeblich bessere frühere Zeiten statt, oder es wird die Forderung erhoben, alles grundlegend neu und besser zu machen. Die Entscheidung, ob in diesem Sinne eine rückwärtsgewandte oder eine nach vorn weisende Ideologie bevorzugt aufgegriffen wird, hängt von einer Vielzahl von Faktoren ab. Die Trennungslinie zwischen rückwärtsgewandter und fortschrittlicher Ideologie läßt sich jedoch ansatzweise so ziehen:

Die sozioökonomische Krise kann von den davon betroffenen Massen subjektiv auf zwei Arten aufgefaßt werden:

a) Früher ging es uns besser, heute geht es uns schlecht. Daraus resultiert der Wunsch, zu den alten, angeblich besseren Zeiten zurückzukehren.

b) Zwar geht es uns heute besonders schlecht, aber daß es unsereinem schlecht geht, war schon immer so. Wenn diese Menschen nicht in Lethargie verfallen, sind sie der Ansicht, es müsse alles neu und anders werden.

Dieses subjektive Empfinden spiegelt die objektive Entwicklung einzelner Bevölkerungsgruppen wider, aber nicht in der einfachen Weise, daß beispielsweise allein der ökonomische Faktor bedeutend wäre. Die verschiedenen Ebenen, die berücksichtigt werden müssen, sollen an drei Beispielen verdeutlicht werden:

Ökonomisch gesehen, ist zu unterscheiden zwischen Verelendung und Marginalisierung. Verelendung verschlechtert die gewohnte ökonomische Situation, während Marginalisierung die Betroffenen aus einer vertrauten Umwelt in ein völlig unbekanntes Elend stößt. Daraus wird deutlich, daß marginalisierte Menschen eher den subjektiven Eindruck haben, früher sei alles besser gewesen. Der Zulauf, den die linke Gewerkschaft DISK im Laufe der Krisenentwicklung hatte, ist ein Beispiel für die Bedeutung der ökonomischen Verelendung, denn die Arbeiterklasse, die über Jahre hinweg von der ökonomischen Prosperität der Groß- und Mittelindustrie profitieren konnte (siehe Kapitel 4), konnte kaum ein Interesse daran haben, den vorindustriellen Zustand des Osmanischen Reiches wieder einzuführen. Umgekehrt ist der Zulauf, den MSP und MHP unter den Kleinhändlern der Großstädte hatten (siehe Kapitel 6), ein Beispiel für die ökonomische Marginalisierung, die Ruinierung eines althergebrachten Händlerstandes zwischen den Mahlsteinen der Industrialisierung.

Der ökonomische Krisenprozeß wirkt sich auch direkt auf die sozialen Beziehungen der Menschen aus. Eine zentrale Rolle in der Türkei der siebziger Jahre spielte dabei die Zerstörung der traditionellen Großfamilienstruktur, die insbesondere aufgrund der Landflucht erfolgte. Damit einher ging auch ein Aufweichen der Geschlechterrollen. Politik ist in einer patriarchalisch-islamisch tradierten Gesellschaft wie der Türkei Männersache. Der Mann ist der Herr im Haus. Der Verlust bzw. die Aufweichung dieses Privilegs durch Landflucht und andere Marginalisierungsprozesse wiegt für viele Männer schwerer als ökonomisches Elend. Insofern gilt auch hier die Unterscheidung von ›Verelendung‹ und ›Marginalisierung‹ im übertragenen Sinne: Die Zerstörung der Männerprivilegien innerhalb weniger Jahre oder Jahrzehnte fördert die Männersehnsucht nach der ›guten, alten Zeit‹. Nur dort, wo – nicht durch die Krise diktiert – ein Prozeß der Gleichberechtigung von Mann und Frau (z. B. in Teilen der städtischen Mittelschicht) in Gang gekommen ist, wird ein Fortschreiten dieser Entwicklung nicht als bedrohlich empfunden und werden Angriffe auf die Rechte der Frauen zurückgewiesen werden.

Herrschaft wird erträglich durch Ideologien (insbesondere in ihrer religiösen Ausformung). In Kapitel 3 hatten wir dies schon anhand des Gegensatzes von Sunniten und Alewiten angesprochen. Die sozioökonomische Krise erweckte allgemein gesagt unter den Sunniten den Wunsch, zurückzukehren zu jener Zeit, als der sunnitische Islam noch Herrschaftsideologie war, während die Alewiten dies als Bedrohung empfinden mußten und deshalb als links eingestuft wurden.

In diesen Bereich der ideologischen Faktoren gehört auch das Phänomen, daß nicht nur Teile der marginalisierten Massen für Reislamisierungstendenzen empfänglich sind, sondern diese Tendenzen sich auch innerhalb der Mittel- und Oberschicht zeigen. Sehen wir dabei von dem Fall einer kurzen koketten Modeerscheinung ab (den es sicher auch gibt), so treffen wir auf Menschen überdurchschnittlicher (Aus)Bildung, die, gerade weil sie die tradierte und die westliche Kultur gleichermaßen kennen, zur Reislamisierung neigen. Sie bilden (siehe Kapitel 6) die Führungselite innerhalb fundamentalistischer Parteien. Ihre Beweggründe hin zur Reislamisierung unterscheiden sich von denen der Marginalisierten und ergeben sich aus ihrer bikulturellen Erfahrung, die im zweiten Hauptteil (Reislamisierung unter Türken in der BRD) ebenfalls eine Rolle spielen wird.

Die genannten Beispiele auf ökonomischer, sozialer und ideologisch-religiöser Ebene verdeutlichen das Faktorenbündel, unter dem sich die Massen für eine rückwärtsgewandte oder fortschrittliche Ideologie entscheiden. Dabei dürfte es in einer heterogenen Gesellschaft wie der Türkei der siebziger Jahre nur eine kleine Personengruppe geben, bei der alle Faktoren nur in die eine oder in die andere Richtung deuten. Für die große Mehrzahl der Bevölkerung ist anzunehmen, daß die einzelnen Faktoren teilweise im Widerspruch zueinander stehen und in einem jeweils unterschiedlichen Geflecht von Ansichten und Verhaltensweisen der Betroffenen zum Ausdruck kommen. In diesem Fall ist es von großer Bedeutung, inwiefern es den Ideologieträgern rückwärtsgewandter oder fortschrittlicher Organisationen gelingt, ihr jeweiliges Programm den Massen als attraktive Alternative zum bestehenden Zustand zu vermitteln.

Wir wollen nun vor diesem Hintergrund wichtige Punkte benennen, die in der Türkei der siebziger Jahre für oder gegen eine rückwärtsgewandte bzw. fortschrittliche Ideologie wirksam waren.

Das nationalistisch-fundamentalistische Potential

Die Wahlen von 1977 brachten den beiden nationalistisch-fundamentalistischen Parteien MSP und MHP zusammengerechnet fünfzehn Prozent der Wählerstimmen ein (siehe Kapitel 6). Der Traum von der Machtübernahme der Fundamentalisten auf parlamentarischem Weg war damit nicht zu verwirklichen. Wohl aber gewann insbesondere die MHP dadurch an Einfluß, daß sie die Pattsituation der beiden großen Parteien ausnutzte. Wo MHP und MSP an der Regierung beteiligt wurden, ließen sie sich ihre Arbeit als ›Mehrheitsbeschaffer‹ im Parlament kräftig honorieren: In allen Regierungen der ›Nationalen Front‹ (AP mit MSP und/oder MHP) wie auch unter der CHP/MSP-

Koalition hatten die kleinen Parteien überproportional viele Ministerposten erhalten. Dies gab ihnen die Möglichkeit, an ihre Anhänger Posten im Staatsapparat und in den Staatsbetrieben zu verschachern, wodurch ihr Einfluß stieg.

Zugleich verlegten MHP und MSP einen Teil ihrer Auseinandersetzungen mit ›den Linken‹ auf die Straße, wobei es zur Logik der fundamentalistischen Ideologie gehört, daß jedes Bekenntnis zum Laizismus schon ausreichend ist, um den Betreffenden als ›links‹ bzw. ›kommunistisch‹ einzustufen. Mit Morden und willkürlichen Attentaten sollte der politische Gegner eingeschüchtert werden.

Ein Musterbeispiel hierfür war die Ermordung von Abdi Ipekci, dem Chefredakteur der liberalen Massenzeitung *Milliyet,* am 1. Februar 1979. Er wurde von dem MHP-Mitglied und späteren Papstattentäter Mehmet Ali Ağca erschossen. Nach dem Attentat auf Ipekci wurde Ağca verhaftet und vor Gericht gestellt. Seine Flucht Ende November 1979 aus dem Gefängnis Kartal-Maltepe, das als eines der bestbewachten in der Türkei gilt, war offenkundig nur möglich durch Helfer innerhalb und außerhalb der Haftanstalt. Sie ist ein Beleg für die Durchsetzung des türkischen Militär- und Polizeiapparates mit Anhängern der MHP. Entsprechend äußerte sich damals auch der zuständige Militärstaatsanwalt: »Die Befreiung war das Werk einer weitverzweigten Geheimorganisation, die tief in den Staatsapparat hineinreicht.«[2]

Als externer, aber nicht unwichtiger Faktor ist an dieser Stelle noch zu nennen, daß die türkischen Fundamentalisten Geld und logistische Hilfe von verschiedenen Seiten bekamen. So ist bekannt, daß die Nurculuk-Bewegung und weitere Gruppen dieser Art insbesondere von den Ölkonzernen Shell und Aramco unterstützt wurden[3]. Roth und Taylan nennen verschiedene Quellen für die Unterstützung der MHP durch CIA-Agenten[4]. Doch so interessant es zu wissen ist, welche Geldquellen die Fundamentalisten hatten, so sagt dies andererseits nur wenig über die Ursachen ihres Einflusses in der Bevölkerung aus. Die entscheidende Rolle hierbei spielt die Ideologie des Fundamentalismus, während die finanziellen Möglichkeiten zu ihrer Verbreitung weniger wichtig sind.

Deshalb ist an dieser Stelle für den Einfluß der rückwärtsgewandten Ideologie des Fundamentalismus noch ein Punkt herauszustellen: Die Geschichte der modernen Türkei war über lange Jahre hinweg von einem strengen Einparteiensystem dominiert, und aufgrund des Etatismus war ein starker Staatssektor entstanden, der sich nach dem Zweiten Weltkrieg immer mehr aufblähte und damit bürokratisch und ineffizient wurde. Beide Erscheinungen werden nun von konservativer Seite als typische Fehler auch der sozialistischen Länder kritisiert. Den türkischen Fundamentalisten fiel es damit leicht, den Kemalismus als ›links‹ bzw. ›kommunistisch‹ zu diffamieren. Zusammen mit der Ummünzung des Laizismus als ›Atheismus‹ war damit ein umfassendes Feindbild entstanden, das an realen Tatbeständen anknüpfte und diese im Sinne des Fundamentalismus umdeutete.

Die Fehleinschätzung der Linken

Nach wie vor ist die Türkei ein vorwiegend agrarisch geprägtes Land, dessen Entwicklungsdynamik jedoch im wesentlichen von den Interessen der Großindustrie geprägt wird. Die Zahl der Arbeiter beträgt nur rund ein Viertel der landwirtschaftlich tätigen Bevölkerung, wobei ein Großteil der Arbeiterklasse in Klein- und Kleinstbetrieben beschäftigt ist. Es ist deshalb nicht verwunderlich, daß der Einfluß der Arbeiterbewegung auf das politische Geschehen selbst in den siebziger Jahren noch ziemlich gering war. Rechte wie das Streikrecht und die Gewerkschaftsfreiheit wurden 1961 in der Verfassung verankert, ohne daß die Arbeiterbewegung sie hätte erkämpfen müssen[5]. Von der Entwicklungsdynamik der Großindustrie in den sechziger und siebziger Jahren profitierten auch die Arbeiter (siehe Kapitel 4). Zugleich jedoch setzte unter den Bauern und Landarbeitern der Prozeß der Marginalisierung und Landflucht ein. Diese marginalisierten Massen bildeten ein breites Potential für rückwärtsgewandte, islamisch-fundamentalistische Ideen, während die Arbeiterklasse als traditioneller Träger fortschrittlich-sozialistischer Ideen nur punktuell die ›Schule des Klassenkampfes‹ durchlaufen hatte. Bedeutende und weitblickende Führungspersönlichkeiten konnten aus dieser Arbeiterbewegung nur schwerlich hervorgehen.

Aber nicht nur die Arbeiterbewegung war in der Türkei schwach, es fehlte auch eine Tradition linker, sozialistischer Organisationen. Die ersten marxistischen Zirkel entstanden in den sechziger Jahren an den Hochschulen. Das Charakteristikum dieser Gruppen war ihre Zersplitterung und die oftmals akademische Abgeschiedenheit von jeder realpolitischen Entwicklung. Mit dem relativen Aufschwung der linken Gewerkschaft DISK in den siebziger Jahren fand eine Verschmelzung der Gewerkschaftsführung mit den linken Gruppierungen statt. Einzelne Organisationen verzeichneten daraufhin einen Mitgliederzuwachs. Neben der moskautreuen, reformistischen ›Kommunistischen Partei der Türkei‹ (TKP) dürfte die zahlenmäßig stärkste Gruppierung ›Devrimci Yol‹ (Revolutionärer Weg) gewesen sein. Ablesen läßt sich ihr Einfluß am ehesten an der Auflage ihres vierzehntäglich erschienenen Zentralorgans, die auf 100.000 Exemplare geschätzt wird[6].

Einen weitergehenden Einfluß verbaute sich die türkische Linke einerseits durch ihr sektiererisches Wesen, wobei immer wieder Auseinandersetzungen unter linken Gruppen auch bewaffnet ausgetragen wurden, andererseits aufgrund der völligen Verkennung der tatsächlichen politischen Situation: Es gab keine linke Organisation in der Türkei der siebziger Jahre, die nicht der Ansicht gewesen wäre, eine ›proletarische Revolution‹ stünde unmittelbar bevor und es gelte deshalb, die Massen auf den bewaffneten Kampf vorzubereiten oder ihn stellvertretend zu beginnen. »Um neue Anhänger zu gewinnen, bewies jede Organisation ihren Mut in einer Art und Weise, die, da sie darauf abzielte, militante Anhänger zu gewinnen, interessierte Arbeiter und Bauern vor den Kopf stieß.«[7] Daß die türkische Linke bei diesem Vorgehen für die Masse der Bevölkerung weder attraktiv war noch eine Alternative darstellen konnte, leuchtet ein.

Neben dieser allgemeinen Charakterisierung ist jedoch andererseits festzustellen, daß es für einige linke Gruppen (Devrimci Yol u.a.) ein wichtiges Bindeglied zwischen dem sozialistischen Ziel und der aktuellen Situation gab. Dieses Bindeglied wurde von der realen politischen Entwicklung diktiert: Die Stoßtrupps der MHP (›Graue Wölfe‹) überzogen das Land mit einer Terrorwelle. Bei allem, was man den Linken an Fehlern anhaften kann und muß, dieser Terror war *nicht* die Antwort auf linke Fehler, sondern ein eigenständiges Konzept der MHP zur Destabilisierung des Landes, um dadurch Einfluß zu gewinnen. Und die MHP vollzog (wie schon dargelegt) insbesondere unter den Regierungen der ›Nationalen Front‹ ihren Terror mit (teilweiser) Billigung der Staatsorgane. Insofern gab es ein reales Interesse verschiedener Bevölkerungskreise (z. B. alewitischer Wohngebiete) an einer wirksamen Verteidigung gegen Überfälle der ›Grauen Wölfe‹. Wo linke Gruppierungen die Organisation dieses Widerstandes übernahmen (wie in dem bekannt gewordenen Fall der Kleinstadt Fatsa am Schwarzen Meer), gewannen sie auch an Einfluß. Aber dieser Einfluß basierte nicht auf ihrer Programmatik, sondern einzig darauf, daß niemand anders sich gegen den rechten Terror engagierte. Der Putsch im September 1980, mit dem die Militärs auf ihre Weise für Ruhe in den Straßen sorgten, setzte dementsprechend auch den Einfluß dieser linken Gruppierungen zurück.

Die Eskalierung der Gewalt und die Militärs als ›Retter in der Not‹

Die genannten Punkte zeigen, daß einerseits die rückwärtsgewandte Ideologie der Fundamentalisten die größere Attraktivität gegenüber einer fortschrittlichen Ideologie besaß. Andererseits mußten MSP und MHP erkennen, daß sie auf parlamentarischem Weg zwar einen gewissen Einfluß gewinnen konnten, eine Machteroberung jedoch nicht möglich war. Die Verlagerung des ›Machtkampfes‹ auf die Ebene von Straßenschlachten brachte zwar Sympathie bei den militanten Fundamentalisten, die bereit waren, auch Opfer für ›ihre Sache‹ zu bringen. Für eine Mehrheit der Bevölkerung jedoch war ein Leben unter der Eskalation der Gewalt auf der Straße unerträglich: In den Wochen vor dem Putsch kamen täglich etwa zwanzig Menschen bei bewaffneten Auseinandersetzungen ums Leben. In zahlreichen Fällen wagten Eltern es nicht mehr, ihre Kinder zur Schule zu schicken, weil sie Angst haben mußten, daß die Kinder Opfer einer Schießerei oder eines Bombenattentats würden.

Für die Militärs war seit 1977 klar, daß sie im Bedarfsfall durch einen Putsch die Macht übernehmen würden. Die Putschpläne dafür lagen bereit[8]. Der Putschzeitpunkt im September 1980 erwies sich im Nachhinein als taktisch optimal gewählt: Von der Eskalation der Gewalt zermürbt, ging nach dem Putsch ein Aufatmen durch die Bevölkerung. Die Militärs hatten nicht nur die Macht übernommen, sie konnten auch einer großen Massenbasis sicher sein. Dies war die denkbar beste Voraussetzung zur Durchsetzung der Forderungen des IWF und der Ziele der industriellen Elite. Die Linke wie auch die extremen Fundamentalisten hatten sich diskreditiert, selbst Berichte über Folter und Hinrichtungen an deren Mitgliedern in den Gefängnissen stießen bei einem Großteil der Bevölkerung nicht auf Empörung. Es galt nun für die Militärs, diese Massenbasis durch geschicktes Vorgehen zu erhalten.

Die offizielle Sichtweise des Extremismus

In diesem Zusammenhang ist von Interesse, daß die Militärs nach ihrer Machtübernahme auch eine spezielle offizielle Sichtweise des Extremismus der siebziger Jahre entwickelten, deren propagandistische Verbreitung im In- und Ausland den Blick auf die tatsächlichen Ereignisse versperrt. Der Vorsitzende des Nationalen Sicherheitsrates, General Evren, hat diese Sichtweise in zahlreichen Reden und Pressekonferenzen ausführlich dargelegt[9]. Dabei bezeichnen sich die Militärs als ›Retter in der Not‹ und verweisen vor allem auf drei Übel:

1. Anarchismus, Terrorismus und Separatismus, die das Land ins Chaos stürzten und den Bestand der Nation gefährdeten;
2. die Handlungsunfähigkeit des Parlaments und der Zerfall des parlamentarischen Systems;
3. die tiefe Wirtschaftskrise, insbesondere die hohe Inflationsrate, die allgemein als besonders bedrückend empfunden wurde.

Diese Begründung wurde von einem Großteil der Bevölkerung akzeptiert, vor allem deshalb, weil sie phänomenologisch zutreffend die Situation vor dem Putsch beschreibt. Wichtig in diesem Zusammenhang ist die Gewichtung, die der Nationale Sicherheitsrat innerhalb dieser drei Faktoren vornimmt:

Die Ursache der Wirtschaftskrise wird im Verfall des parlamentarischen Systems gesehen. Wesentliche Punkte wie die ungünstige Entwicklung der Zahlungsbilanz und das Scheitern der Importsubstitutionsstrategie tauchen in dieser Darstellung nicht oder nur beiläufig auf. Der Verfall des Parlamentarismus seinerseits wird auf das Wirken des Terrorismus zurückgeführt. Auch hier wird von zahlreichen wichtigen Faktoren abgesehen. Zum einen war das Land infolge der Wirtschaftskrise zahlungsunfähig geworden, der mögliche Handlungsspielraum des Parlaments war extrem eingeengt. Zum anderen hatte in der Mehrzahl der Provinzen, insbesondere in den ›Hochburgen des Anarchismus‹, das Parlament keine Verfügungsgewalt mehr, denn diese Provinzen standen unter Kriegsrecht, also unter der Herrschaft der Militärs.

So bleibt die Frage, woher der Terrorismus rührte, der als eigentliche Ursache der Krise gesehen wird. In der Logik der Militärs handelt es sich um ein internationales Phänomen, das zum einen von außen kommend auch die Türkei der siebziger Jahre überflutete, das zum anderen aus der türkischen Nation fremden Ideologien herrühre. Ohne Namensnennung wird aus den Reden Evrens dennoch deutlich, daß der internationale Terrorismus seinen Ausgangspunkt in Moskau habe, während westlichen Industrieländern (gemeint sind vor allem Frankreich und die BRD) der Vorwurf gemacht wird, zu nachsichtig mit Terroristen umzugehen, ihnen Unterschlupf zu gewähren.

Nun ergibt sich in der Argumentation des Sicherheitsrates eine Schwierigkeit: Sie ist allenfalls für den ›Linksterrorismus‹ (einschließlich des als ›Separatismus‹ apostrophierten kurdischen Widerstandes) schlüssig. Ihre Massenbasis hatten die Militärs aber gerade dadurch erreicht, daß sie den Putsch als Rettung aus dem ›Rechts-Links-Terrorismus‹ propagierten. Als Ausweg aus diesem Widerspruch findet sich in der Argumentation eine Doppelstrategie:

a) Der Linksterrorismus wird als weit umfänglicher und gefährlicher dargestellt als der Rechtsterrorismus. Aufschlußreich ist hier eine Gegenüberstellung der offiziellen Sichtweise mit der Darstellung eines ausländischen Beobachters:

»Vor dem 12. September gab es drei Alternativen. Es könnte ein Bürgerkrieg entstehen. Linke und Rechte könnten die Macht ergreifen. Ich muß aber gleich anmerken, daß die Linke stärker war, d.h. sie könnte die Macht eher ergreifen.« [10]

Dem steht der Bericht des Nahostkorrespondenten der *Neuen Zürcher Zeitung* gegenüber (der sich durch weitere Berichte stützen läßt): »... Rund drei Viertel aller Morde gehen auf das Konto von Rechtsextremisten. Das heißt, trotz allen Versuchen der Nationalen Aktionspartei (NAP), dies abzustreiten, auf Leute, die der Partei von Oberst Türkesch nahestehen oder ihr angehören. Es handelt sich bei vielen dieser Morde um kaltblütige Versuche, die Linke zu provozieren. Die Terroristen schießen auf Linksdemonstranten, auf Arbeitervertreter, auf Linksintellektuelle, auf Intellektuelle überhaupt, auf führende Mitglieder der Regierungspartei Ecevits, deren sozialdemokratische Ausrichtung von der NAP immer wieder als ›kommunistisch‹ verschrien wird. Sie schießen ferner auf Mitglieder der ethnischen und religiösen Minderheiten, auf Kurden, Araber, Alewiten, die in vielen Fällen der türkischen Linken nahestehen, weil es sich um Gemeinschaften handelt, die sich über eine Diskriminierung von seiten des Staatsvolkes der türkischen Sunniten beklagen. Bei dem verbleibenden Viertel des Terrorismus handelt es sich um Leute der Linken, die sich offensichtlich provozieren lassen. Wenn man von der Ermordung von Mitgliedern und Sympathisanten der NAP liest, kann man mit großer Wahrscheinlichkeit annehmen, daß es sich um Rachemorde handelt ...«[11]

b) Neben die Behauptung, der Linksterrorismus sei umfänglicher gewesen als der Terror von rechts, tritt als zweite Behauptung immer wieder, auch der Rechtsextremismus sei letztlich ein Ausfluß des internationalen Terrorismus. Besonders deutlich wird es auch hier wieder am Beispiel des Papstattentäters Mehmet Ali Ağca. Nach seiner Festnahme in Rom brachte er die These auf, hinter dem Attentat habe der bulgarische Geheimdienst gestanden. Ağca, der sich mittlerweile für die Reinkarnation Christi hält, ist der *einzige* Zeuge für diese Behauptung, aber für den Nationalen Sicherheitsrat war seine Aussage willkommenes Illustrationsmaterial für die Zuständigkeit Moskaus auch für den türkischen Rechtsextremismus.

Diese offizielle Sichtweise des Extremismus ist also nicht nur ein Filter, der sich vor einen Teil der Berichterstattung über den türkischen Extremismus verfälschend schiebt, es ist auch eine die Tatsachen mißachtende Ideologie, die mit dem Putsch zur offiziellen Staatsideologie wurde.

Die besondere Rolle des türkischen Nationalismus und die Unterdrückung der Kurden

Bei allen sonstigen Gegensätzen gibt es unter den *Türken* in der Türkei einen weitreichenden Konsens des türkischen Nationalismus. In seiner auf das Staatsgebiet der heutigen Türkei bezogenen Form findet er sich am ausgeprägtesten bei den Militärs, die sich als Hüter des Kemalismus verstehen. Als Panturanismus taucht er im Spektrum der nationalistisch-fundamentalistischen Parteien auf. Und selbst auf der Linken ist er im Sinne eines ›linken Kemalismus‹ verbreitet. Ein Schulunterricht, in dem Lesen und Schreiben anhand von Sätzen wie ›Glücklich, wer ein Türke ist!‹ erlernt werden, trägt das seine zur nationalen Ideologie bei.

Dieser Konsens des türkischen Nationalismus wurde in den letzten Jahren einerseits am Zypernkrieg deutlich, für den die Regierung Ecevit (CHP) Zustimmung auch von (extremen) politischen Gegnern erhielt. (Bis heute existiert auch unter der türkischen Linken keine kritische Geschichtsschreibung dieses Konflikts, ja sogar eine weitreichende Scheu, sich überhaupt mit diesem verdrängten Thema zu befassen.)

Besonders offenkundig wurde der nationale Konsens jedoch anhand des Putsches im September 1980. Als die Militärs nicht mehr als Kriegsrechtskommandantur in einzelnen Provinzen auftraten, sondern sich *gesamtnational* für den ›Retter in der Not‹ erklärten, fiel es ihnen nicht schwer, ihre Herrschaft zu errichten. Die Streikfront (vor dem Putsch standen rund 85.000 Arbeiter im Streik) brach zusammen, Proteste unterblieben weitgehend:

»Die Zustimmung der Massen drückte sich besonders dramatisch in dem Echo aus, das die Aufforderung der militärischen Autoritäten an die besonders erfahrenen und militanten Teile der Arbeiterklasse, organisiert in der DISK (Vereinigung der revolutionären Arbeitergewerkschaften), erhielt. Nachdem das Exekutivkomitee der DISK und die Präsidenten ihrer Mitgliedsgewerkschaften verhaftet worden waren, brachten die Istanbuler Kriegsrechtsbehörden in Presse, Radio und Fernsehen einen Aufruf heraus, die Gewerkschaftsaktivisten der DISK auf allen Ebenen, vom Betriebsobmann bis zum Ortsfunktionär und Gewerkschaftsrepräsentanten in den Fabriken, sollten sich den Militärbehörden stellen. Vor Ablauf des Ultimatums reagierten tausende Arbeiter positiv auf diese Aufforderung und bildeten lange Schlangen vor dem Hauptgebäude (und berüchtigten Gefängnis) der Istanbuler Kriegsrechtskommandantur.«[12] Dieser offenkundige Konsens des türkischen Nationalismus war neben der Eskalation der Gewalt ein zentraler Faktor für die breite Zustimmung zum Putsch.

Allerdings gilt dieser nationale Konsens nicht für die *Kurden* in der Türkei. Während selbst DISK-Gewerkschafter sich freiwillig der Militärautorität unterordneten, konnten die Streitkräfte ihre Ziele im kurdischen Südosten des Landes nur mit großangelegten, rücksichtslosen Militäraktionen durchsetzen, ohne jedoch wirklich Herr der Lage zu werden. Nach wie vor operiert in den Bergen des Südostens eine zahlenmäßig schwer zu schätzende Guerilla, ist der kurdische Widerstand nicht gebrochen[13].

Dieser wesentliche Unterschied wirkt sich auch auf die Frage der Reislamisierung aus. In Türkisch-Kurdistan besteht das gleiche Zahlenverhältnis von Sunniten und Alewiten wie in der übrigen Türkei. Die Marginalisierung und Landflucht ist besonders hoch. Türkisch-Kurdistan ist das Armenhaus des Landes und kaum industrialisiert. Eine Arbeiterklasse fehlt weitgehend. Diese Faktoren würden nach dem bisher Dargelegten auf einen Nährboden für Reislamisierungstendenzen deuten. Doch zu diesen Fakten kommt die besondere Situation der nationalen Unterdrückung hinzu: Einerseits existiert die Erfahrung aus den zwanziger und dreißiger Jahren, als unter Führung der kurdischen Großgrundbesitzer und mit islamisch-fundamentalistischer Ideologie der Widerstand organisiert wurde und scheiterte (siehe Kapitel 2). Andererseits haben sich mittlerweile viele Großgrundbesitzer zu ihrem Vorteil mit der Regierung in Ankara arrangiert, so daß der Widerstand nur gegen die Großgrundbesitzer und damit gegen tradierte Strukturen möglich ist. Beide Punkte zusammengenommen machen verständlich, warum der kurdische Widerstand heute eine Domäne der Linken geworden ist.

Zugleich wirft die aktuelle Entwicklung im türkischen Teil Kurdistans aber auch ein Schlaglicht auf die Schwierigkeiten und Probleme des Widerstandes, wie sie sich insbesondere aus der Aufteilung des kurdischen Gebietes auf mehrere Länder (Irak, Iran, Türkei sowie Syrien und die Armenische Sowjetrepublik der UdSSR) ergibt. Um dies zu verdeutlichen, ist ein kurzer Blick auf die Situation der Kurden im irakisch-iranischen Krieg notwendig[14].

Neben dem Schatt al-Arab, dem gemeinsamen Unterlauf von Euphrat und Tigris, ist Irakisch- und Iranisch-Kurdistan mittlerweile zu einem Hauptkampfgebiet im Golfkrieg geworden. Während Irak und Iran im jeweils eigenen Land die Kurden als ›Unruheherd‹ verfolgen, besteht die Politik gegenüber den Kurden im gegnerischen Land in einer taktischen Unterstützung, um damit den Kriegsgegner durch eine zweite Front zu schwächen. Kurdische Organisationen in beiden Ländern stehen deshalb in dieser Situation vor der Wahl, entweder mit dem Rücken zur Wand einen aussichtslosen Kampf zu führen, oder aber mit der Regierung des jeweiligen Nachbarlandes zu kooperieren und dadurch in den Besitz von Waffen, Nachschub und Lebensmitteln zu gelangen. Der Vorsitzende der iranischen Demokratischen Partei Kurdistans, Ghassemlou, faßte in einem Interview dieses Problem folgendermaßen zusammen: »Wenn Sie auf die Landkarte Kurdistans sehen, erkennen Sie, daß wir – geopolitisch gesprochen – umzingelt sind. Geographisch haben wir keinen Zugang zum Meer. Politisch sind wir umgeben von mehr oder weniger feindlichen Ländern. ... Wenn ein Land uns bedingungslos Bewegungsfreiheit anbietet, dann kooperieren wir mit ihm, wie wir das mit der irakischen Regierung tun.«[15] Im gleichen Sinne wird von der irakischen Demokratischen Partei Kurdistans im Hinblick auf die Unterstützung der Regierung in Teheran argumentiert. Zwangsläufig ist jedoch diese ›Kooperation über Kreuz‹ auch mit dem Ergebnis verbunden, daß irakische und iranische Kurden sich als Feinde gegenüberstehen. Ein gesamtkurdischer Widerstand ist deshalb auf absehbare Zeit nicht in Sicht.

Gleichzeitig ist damit aber auch eine Situation gegeben, in der ein gemeinsames Vorgehen Iraks und Irans gegen die Kurden insgesamt durch den Krieg verhindert wird; im Gegenteil ist insbesondere entlang der irakisch-türkischen Grenze eine Unterstützung des kurdischen Widerstandes in der Türkei durch die von Teheran unterstützten Kurden Iraks möglich geworden. Bewaffnete kurdische Operationen im Südosten der Türkei haben deshalb zugenommen. Doch der externe Faktor des irakisch-iranischen Krieges, der diese Entwicklung beförderte, macht auch verständlich, warum nicht jene kurdischen Organisationen, die in der Türkei über eine Massenbasis verfügen, Hauptträger dieser Operationen sind, sondern sektiererische Militante (insbesondere der PKK)[16], die ohne den externen Faktor des Golfkrieges kaum eine nennenswerte Rolle spielen würden.

Für die türkische Regierung kam diese Entwicklung wie gerufen: Gerade ihre bewußt neutrale Haltung, die hohe Exporte in beide kriegführenden Länder ermöglicht, bot ihr die Möglichkeit, im eigenen Land eine Großoffensive gegen die Kurden zu starten. Mittlerweile kämpfen im Südosten der Türkei in einem unerklärten Krieg über 100.000 Soldaten, wobei die Bombardierung von Dörfern und andere Greueltaten zum Alltag gehören. Zwischen Irak und der Türkei besteht ein Abkommen, kurdische ›Separatisten‹ auch über die Grenze hinweg verfolgen zu können.

Vor allem aber benutzt die türkische Regierung die Situation in Türkisch-Kurdistan als Vorwand, um durch die Beschwörung der ›separatistischen Gefahr‹ Wasser auf die Mühlen des türkischen Nationalismus zu lenken und damit ihre Massenbasis zu stabilisieren.

Kapitel 6
MSP und MHP: Die Parteien des islamischen Fundamentalismus

Seit der Einrichtung des Mehrparteiensystems spielte die Religion als Ausdruck der sozialen und kulturellen Widersprüche, die sich aus dem ökonomischen Stadt-Land-Gefälle ergaben, eine wichtige Rolle im Wettbewerb der Parteien um Wählerstimmen. Die Gerechtigkeitspartei (AP) unter Süleyman Demirel versuchte die ländlichen Massen für sich zu gewinnen unter anderem mittels der Strategie, sich als Verfechterin des Islam zu präsentieren. In diesem Zusammenhang wurde beispielsweise die Tatsache propagiert, daß Demirels Vater eine Pilgerreise nach Mekka unternommen habe und daß in der Familie Demirel täglich der Koran gelesen werde[1]. Gleichzeitig wurde der Islam zunehmend als Gegenkraft zu Reformbestrebungen, zu sozialistischen und kommunistischen Strömungen und Parteien, die im Entstehen begriffen waren, herausgestellt.

Die Republikanische Volkspartei (CHP), die zuvor wegen ihres Säkularismus als ›anti-religiös‹ bezeichnet worden war, wurde nun zwecks Diffamierung bei den Wählern als kommunistisch orientiert und *deshalb* anti-religiös attackiert. Um den Islam nicht alleine den konservativen Kräften als Legitimationsinstrument zu überlassen, änderte die CHP unter der Führung von Bülent Ecevit ihre Haltung insoweit, als die Parteikandidaten vor den Wahlen von 1969 aufgefordert wurden, nicht länger religiöse und konservative Positionen gleichzusetzen, wie dies zu den Grundsätzen der kemalistischen Linie gehört hatte[2].

Während bis Mitte der sechziger Jahre entsprechend der kemalistischen Sichtweise, daß es in der Türkei keine Klassengegensätze gäbe, die Auseinandersetzungen zwischen Säkularismus und Anti-Säkularismus einen Ersatz darstellten für ideologische Auseinandersetzungen entlang der Klassenfronten, traten in der freieren politischen Atmosphäre der zweiten Hälfte der sechziger Jahre politische Ideologien in den Vordergrund und verringerten die Bedeutung der Religion als politischer Ersatzideologie und als Thema der beiden großen Parteien[3]. Die Ausnutzung des Islam zwecks politischer Profilierung verschob sich auf die neuentstandenen Parteien MSP und MHP.

Die Nationale Heilspartei (MSP)

Obwohl in der Geschichte der türkischen Republik verschiedene Parteien versucht hatten, den Einfluß der Religion zur Erweiterung ihres Wählerpotentials zu nutzen, konnte erstmals mit der Gründung der Nationalen Heilspartei MSP (1972) als einer explizit religiösen Partei und ihrem Auftreten bei den Parlamentswahlen 1973 die Bedeutung der Religion für die türkische Wählerschaft genauer eingeschätzt werden. »Mit der Gründung dieser Partei fand das islamisch-traditionelle Element die Möglichkeit, sich öffentlich politisch zu artikulieren und darüber hinaus ein Wählerpotential bei der bäuerlich-kleinstädtischen Bevölkerung, meist in den wirtschaftlich benachteiligten Regionen Zentral- und Ostanatoliens, für sich zu gewinnen.«[4]

Bei den Wahlen 1973 gewann die neugegründete Partei auf Anhieb 11,8 Prozent der Stimmen und 48 Sitze in der Nationalversammlung. In einer Befragung über ihre Wahlmotive gaben 42,5 Prozent der MSP-Wähler an, die Partei wegen ihrer religiösen Orientierung gewählt zu haben. Weitere 12,3 Prozent hatten für die MSP gestimmt aus Protest gegen die Politik der Gerechtigkeitspartei Demirels, die eine ›Partei von Freimaurern‹ geworden sei, was bedeutete, daß sie ihnen nicht ›islamisch‹ genug schien[5]. Die MSP verstand sich also nicht nur selbst als eine religiöse Partei, auch die Mehrzahl der Wähler teilte diese Meinung und wählte *deshalb* MSP.

Im Januar 1974 trat die MSP in eine Koalition mit der CHP Ecevits ein, in der sie sieben Ministerposten erhielt, darunter sehr einflußreiche: neben dem des stellvertretenden Ministerpräsidenten (Erbakan) den des Innen- und des Justizministers. Hintergrund dieser Koalitionsbildung war zunächst, daß beide großen Parteien allein keine Mehrheit im Parlament besaßen. Von seiten der MSP war der Koalitionseintritt mit der als ›atheistisch‹

verschrienen CHP vor allem begründet durch die Möglichkeit, der Innenpolitik ihren Stempel aufzudrücken. Die Besetzung des Innen- und Justizministeriums mit einem MSP-Minister bot dafür ausreichend Gelegenheit[6].

Für die Partei Ecevits war diese Koalition nicht nur ein notwendiges Zweckbündnis, sie bot auch die Chance, die Ressentiments zu überwinden, die die überzeugten Anhänger des Islam ihr als kemalistische Partei entgegenbrachten. Doch bereits nach sieben Monaten scheiterte die Koalition in erster Linie an der Zypern-Frage. Die MSP verlangte nach der Intervention die Besetzung ganz Zyperns vor der Aufnahme von Verhandlungen mit Griechenland. Dem wollte die CHP nicht nachkommen.

Nach dem Scheitern der CHP/MSP-Koalition bildete die Heilspartei im März 1975 mit der konservativen Gerechtigkeitspartei, der Republikanischen Vertrauenspartei und der Nationalen Aktionspartei MHP mit ihrem ›Führer‹ Türkeş die erste Regierung der ›Nationalen Front‹.

Bei den Wahlen 1977 sank der Stimmenanteil der MSP auf 8,6 Prozent. Damit verringerte sich ihre Abgeordnetenzahl von 48 auf 24, während die MHP ihre Mandate großenteils auf Kosten der MSP von drei auf sechzehn erhöhen konnte[7]. Im Juli 1977 bildeten die Gerechtigkeitspartei, MSP und MHP die zweite Koalition der ›Nationalen Front‹, die aber bereits im Dezember durch eine Vertrauensfrage der CHP gestürzt wurde. Durch diese Rolle als ›Zünglein an der Waage‹, die in den wechselnden Koalitionen deutlich wurde, war die MSP innerhalb der Regierungen, an denen sie beteiligt war, personell stärker repräsentiert, als es ihrem Stimmenanteil entsprach; ein Umstand, der CHP und AP jeweils zwang, auf Ideologie und Programmatik der Fundamentalisten Rücksicht zu nehmen.

Den Endpunkt in der Geschichte der MSP markiert die Großdemonstration am 6. September 1980 in Konya. Auf Transparenten und in Sprechchören wurde von Demonstrationsteilnehmern die Einführung des Scheriat-Rechts gefordert. Teilnehmer trugen demonstrativ Turban bzw. Fez und erhoben sich nicht, als die türkische Nationalhymne gespielt wurde. General Kenan Evren, der Vorsitzende des Nationalen Sicherheitsrates, der sechs Tage später die Macht übernahm, bezeichnete die MSP-Demonstration von Konya als den »Strohhalm, der dem Kamel das Genick brach«[8]. So war diese Demonstration zwar sicher nicht der Grund für den Militärputsch (siehe Kapitel 7), wohl aber ein willkommener Anlaß.

Ideologie und Programm der MSP

Bevor wir Ideologie und Programm der MSP vorstellen, sind zwei Vorbehalte anzumerken:

1. Vor der Gründung der MSP 1972 hatte ihr Vorsitzender Necmettin Erbakan im Januar 1970 schon einmal versucht, eine islamisch-fundamentalistische Partei ins Leben zu rufen. Diese hatte sich ›Partei der Nationalen Ordnung‹ genannt, war aber bereits im Mai 1971 vom türkischen Verfassungsgericht wegen Verstoßes gegen das Prinzip des Laizismus verboten worden[9]. Als Absicherung gegen ein Verbot auch der MSP bestand die Strategie der Parteigründer darin, programmatische Aussagen sehr vorsichtig zu formulieren und immer wieder zu betonen, daß die MSP nur im Rahmen der türkischen Verfassung ihre Ziele zu erreichen suche. Vorfälle wie die Demonstration in Konya und Reden einzelner MSP-Politiker machen jedoch deutlich, daß diese Taktik nichts an den fundamentalistischen Inhalten geändert hat. Programmatische Aussagen der MSP sind deshalb nur beschränkt aussagefähig über die tatsächlichen Ziele dieser Partei.

2. Da die MSP die erste islamisch-fundamentalistische Partei der Türkei war, die auch den Sprung ins Parlament schaffte, entwickelte sie sich zum Sammelbecken verschiedener Strömungen des Fundamentalismus. Einzelne Sekten unterstützten die MSP, und die städtischen bzw. ländlichen Wähler der Partei unterschieden sich in ihren Interessen. Dem mußte in der Programmatik Rechnung getragen werden, so daß die heterogene Mitglieder- und Wählerstruktur auch zu einer heterogenen Programmatik führte, deren verbindendes Schlagwort der islamische Fundamentalismus war.

Ausgangspunkt der Ideologie der MSP ist die Frage, weshalb ein Land wie die Türkei, das einst eine Großmacht war, heute zu den unterentwickelten Ländern gehört. Als Grund für den Verlust von Macht und Einfluß wird die Entfremdung vom eigenen kulturellen Erbe benannt, außerdem die mangelnde Industrialisierung, die ungleichen Beziehungen zum Westen und die Übernahme von dessen, der türkischen unterlegenen, Kultur[10]. Um wieder zum ›nationalen Heil‹ zu gelangen und zu neuerlicher weltweiter Bedeutung, müsse die Türkei ihr Bewußtsein als muslimische Gesellschaft mit einer besonderen historischen Mission wiedergewinnen und die göttliche Forderung nach einer gerechten muslimischen Gemeinschaft erfüllen.

Eine zentrale Komponente der Orientierung an der eigenen kulturellen Tradition bildet die Betonung der Familie und der hergebrachten moralischen Normen. Die türkische Elite wird scharf wegen ihrer ›Imitierung‹ der westlichen Kultur kritisiert, die das Familienleben zerstöre und Nachtclubs hervorbringe, in denen die Jugend durch Sex und Alkohol verdorben werde. Als Gegengewicht wird eine Intensivierung des Religionsunterrichts an den Schulen und mehr religiöse Sendungen in Funk und Fernsehen gefordert.

Zugleich heißt es im Wahlprogramm der MSP von 1973 zu den Rechten der Frauen: »Die Partei hat sich das Prinzip ›Bildung für jedermann, für Mann und Frau‹ zu eigen gemacht. Im Familienrecht und hinsichtlich der Beziehungen von Mann und Frau sowie der Familienmitglieder untereinander können keine Ansichten vertreten werden, die nicht der geltenden Rechtsordnung entsprechen.«[11] Und der islamischen Frau wird das Recht zugesprochen, in der Wirtschaft tätig zu sein[12].

Neben der religiös-moralischen und kulturellen Erneuerung sieht die MSP auch eine rasche Industrialisierung als Bedingung, um zu neuer nationaler Größe *(Yeniden Büyük Türkiye* = ›Wieder eine große Türkei‹ lautet ein Motto der MSP) zu gelangen. Die wirtschaftliche Entwicklung soll sozial und regional ausgewogen erfolgen, unabhängig vom Ausland auf der Grundlage eigener Ressourcen und gestützt auf die einheimische Industrie, insbesondere auf die Klein- und Mittelindustrie Anatoliens[13].

In diesem Zusammenhang wird dem Bildungswesen große Bedeutung beigemessen. Im Wahlprogramm von 1973 heißt es dazu, daß die MSP beabsichtige, das ganze Land in eine Schule umzuwandeln. Teil dieses Feldzuges sollte u. a. die Einrichtung je einer technischen, allgemeinbildenden und geisteswissenschaftlichen Hochschule in jeder Region des Landes sein[14].

Des weiteren tritt die MSP programmatisch für soziale Gerechtigkeit ein, verbunden mit wiederholten Attacken auf die Regierung der AP, die der Notlage der Armen und Unterprivilegierten gleichgültig gegenüberstünde. Sie kritisiert die steigenden Preise, die Arbeitslosigkeit, fehlenden billigen Wohnraum, ungerechte Besteuerung und Einkommensverteilung; sie fordert Priorität für die unterentwickelten Regionen und Unterstützung der kleinen Händler und Handwerker [15].

Ihre wirtschaftspolitische Grundhaltung entspricht dabei in vielem jener der MHP: »Wie die übrigen Rechtsparteien ist auch die MSP von dem Wunsch getragen, die Entstehung einer wirtschaftlich gut funktionierenden Privatindustrie auf nationaler Grundlage tatkräftig zu unterstützen, ohne daß es dabei zu Monopolbildungen kommt. Dies schließt zugleich die Unterstützung des ausländischen Privatkapitals und die Annäherung an den Westen aus.« [16]

Entsprechend fordert die MSP den Abbruch der Beziehungen zur Europäischen Gemeinschaft, zumal durch jede weitere Annäherung an den Westen die Türkei ihrem islamischen Kulturerbe noch weiter entfremdet werde; statt dessen soll die Zusammenarbeit mit den muslimischen Bruderstaaten intensiviert werden [17].

Die MSP wendet sich gegen Kapitalismus (verstanden als Herrschaft des Großkapitals) und Sozialismus, der die freie Religionsausübung einschränke, und beschreibt beide Systeme als ›materialistisch‹ und ›imperialistisch‹, da sie beide versuchten, andere Nationen zu versklaven, indem sie ihnen ihre eigenen kulturellen und ökonomischen Interessen aufzwängen [18]. In diesem Sinne sind der MSP insbesondere die Kreditzinsen ein Dorn im Auge. In einer Rede im Juni 1976 in Elazig erklärte der Parteivorsitzende Erbakan: »Die Zinsen sind das Kind des Kommunismus. Um dem Kommunismus vorzubeugen, müssen wir die Zinsen abschaffen.« [19]

Auch die beiden großen Parteien AP und CHP werden als ›materialistisch‹, das heißt ›geld-orientiert‹ beurteilt, während die MSP als ›idealistische‹ Partei sich an geistigen und moralischen Tugenden orientiere und so als einzige zum Aufbau einer neuen Gesellschaft fähig sei, die keine ›Anarchisten, Hippies und Maoisten‹ hervorbringe [20]. Hauptunterscheidungskriterium ist laut Erbakan der »Glaube an Gott«, aus dem letzten Endes die Ablehnung des säkularistischen Staatswesens folgt.

Entsprechend dem Dargelegten läßt sich die Programmatik der MSP grob in zwei Bereiche aufteilen: einerseits der Islam und die Familie als Grundlage der Gesellschaft, andererseits der Wunsch nach einer eigenständigen, nicht profitorientierten Industrialisierung. Der letztere Punkt erwächst zweifelsohne aus der Erfahrung mit der abhängigen Entwicklung in der Türkei; es wird richtig erkannt, daß diese jahrelange Abhängigkeit die Unterentwicklung zementiert und vertieft hat. Doch der Grund für diesen Mißstand wird im schlechten Willen der dafür verantwortlichen Politiker gesehen, in ihrem ›materialistischen‹ und damit ›unmoralischen‹ Denken. Folgerichtig wird deshalb – durchaus in Parallele zu dem so scharf kritisierten kemalistischen Denken der zwanziger und dreißiger Jahre – der Versuch unternommen, durch eine Veränderung des Überbaus, durch eine ›moralischere‹ Politik der Abhängigkeit zu begegnen. Im Unterschied zum Kemalismus allerdings heißt die neue Überbaureform nicht ›Laizismus‹, sondern ›Zurück zum Islam‹. Das Scheitern des kemalistischen Versuchs, durch die Reform des Überbaus die Basis zu entwickeln, ist insofern auch ein Hinweis auf die ökonomischen Perspektiven der fundamentalistischen Programmatik. (Dies bedeutet nicht, daß in einzelnen Ländern die Fundamentalisten nicht die Macht übernehmen könnten, wohl aber – siehe Iran – verweist es auf ihr Unvermögen, die ökonomischen Strukturen auf Dauer und grundlegend zu verändern).

Deutlich wird dies in der Ideologie und Programmatik der MSP auch daran, daß sie auf ökonomischem Gebiet zwar zahlreiche Umstände benennen kann, die sie zu verändern wünscht, aber letztlich kein positiv formuliertes Wirtschaftsprogramm aufzuweisen hat, ja, in ihrem Selbstverständnis eines solchen Programms überhaupt nicht bedarf, da die Rückkehr zu den Normen und der Moralität des Islam gewissermaßen im Selbstlauf eine sozial gerechte und unabhängige Wohlstandsgesellschaft erzeuge.

Zugleich jedoch erklärt sich die MSP aktuell-politisch zur Interessenvertreterin der Klein- und Mittelindustrie und des Handwerks. Ihnen ist letztlich der Programm-Teil gewidmet, der sich für eine unabhängige Industrialisierung ausspricht. Verschiedene Forderungen, die sich aus der Industrialisierung ergeben, etwa die Erhöhung der Allgemeinbildung (also nicht nur die Koranbildung), stehen dabei im Widerspruch zum Fundamentalismus der islamischen Sekten und ihrer großenteils ländlichen Anhängerschaft. Dieser Widerspruch verweist auf die unterschiedlichen Zielgruppen der MSP-Ideologie. Dies soll nun genauer dargestellt werden.

Massenbasis und Führung der MSP

Die Ideologie der MSP fand vor allem Anklang bei jenen gesellschaftlichen Gruppen, die durch die fortschreitende kapitalistische Entwicklung marginalisiert wurden bzw. marginalisiert zu werden drohten. Dazu gehören einerseits die Klein- und Mittelbauern, die nicht mehr rentabel produzieren können, dazu gehören andererseits im städtischen Bereich das traditionelle Kleinbürgertum – als Prototyp des MSP-Wählers gilt der kleine Kaufmann oder Handwerker, der Mann des Bazars[21] – und die Landflüchtigen, die in den *gecekondus* der Großstädte ein hoffnungsloses Dasein fristen.

Betrachten wir zunächst jenes traditionelle Kleinbürgertum, das als Prototyp des MSP-Wählers gilt. Es war einst nicht nur ökonomisch erfolgreich gewesen, sondern besaß auch in der Gerechtigkeitspartei einen politischen Anwalt seiner Interessen. Zu Beginn der sechziger Jahre war die AP die anerkannte Interessenvertretung der Geschäftsleute, der Landbesitzer und einer noch relativ homogenen Kapitalistenklasse. Mit dem Aufstieg einiger Großunternehmen (Holdings) zu marktbeherrschenden Firmen und dem Übergang einzelner Großgrundbesitzer (in besonders fruchtbaren Gebieten) zur kapitalistischen Plantagenbewirtschaftung durch Landarbeiter kamen einerseits die Mittel- und Kleinindustrie und andererseits die traditionellen Großgrundbesitzer ins Hintertreffen. Sie sahen sich durch die AP nicht mehr vertreten und schwenkten ins Lager der MSP[22]. »Die MSP vertrat die Interessen der Kaufleute, Handwerker und Kleinunternehmer Anatoliens. Diese hatten im Laufe der Jahre ihren Einfluß in der ›Gerechtigkeitspartei‹ verloren und den Interessenkonflikt mit der Wirtschaftspolitik der von ihr vertretenen großen Industrie-, Handels- und Finanzkreise, die sehr eng mit den ausländischen Kapitalkreisen kollaborieren, erkannt.«[23]

Der Parteivorsitzende Erbakan, der bis 1960 Präsident der ›Handels- und Industrievereinigung‹ war, galt dort als erbitterter

Gegner Demirels, dem er vorwarf, die Geschäftsleute und Industriellen in den großen Städten zu bevorzugen und die anatolischen Händler und Kleinunternehmer zu benachteiligen. Bezeichnend für diesen Teil der Massenbasis der MSP ist deshalb, daß er die Partei zunächst aufgrund ihrer ökonomischen Interessenvertretung unterstützte. Die Religion spielte die sekundäre Rolle, auch wenn anzunehmen ist, daß diese Wähler mehrheitlich dem Islam eine wichtige Bedeutung beimaßen.

Genauere Daten über die weitere Massenbasis der MSP lieferte eine Studie der Fakultät für Politikwissenschaft der Universität Ankara über die Wahlergebnisse[24]. Danach nimmt die Anzahl der MSP-Wähler mit zunehmender Schulbildung ab, wobei der Stimmenanteil bei Primarschulabsolventen allerdings größer war als bei Analphabeten. Eine mögliche Erklärung hierfür ist, daß die Erwartungshaltung hinsichtlich eines zu erreichenden Status bei Schulabgängern höher liegt und sich die Kluft zwischen Erwartetem und konkret Erreichtem umsetzt in eine religiös artikulierte Protesthaltung[25].

67,2 Prozent der MSP-Stimmen kamen aus ländlichen Gebieten. Ein Prozentsatz, der in etwa mit der Verteilung von Stadt- und Landbewohnern in der Türkei übereinstimmt, so daß auf das ganze Land gesehen die MSP nicht als typisch städtische oder typisch ländliche Partei bezeichnet werden kann. Eine genauere Betrachtung der einzelnen Regionen zeigt jedoch, daß der Grad der Entwicklung sehr wohl eine Rolle spielt: Je unterentwickelter eine Region ist, desto stärker ist einerseits die religiöse Orientierung der Bewohner, andererseits damit auch die Bereitschaft, MSP zu wählen. Dementsprechend liegen die Hochburgen der MSP in Zentral- und Ostanatolien. So erhielt die MSP in der Stadt Erzurum 29,5 Prozent der Stimmen, in Ostanatolien insgesamt 28,7 Prozent. Allerdings ist bekannt, daß in traditionellen, zum Teil noch feudal geprägten Gegenden wie Ostanatolien die Wähler häufig entsprechend der politischen Präferenz von Großgrundbesitzern und religiösen Führern abstimmen, oft gezwungenermaßen: »Wer nicht MSP wählt, wird vom Ağa aus dem Dorf herausgeworfen, verliert Arbeit, Lohn und Brot.«[26] Die Religion dient hier der Aufrechterhaltung der traditionellen sozialen und ökonomischen Beziehungen; wie diese Menschen in freien Wahlen abstimmen würden, läßt sich kaum ermitteln.

Zugleich verzeichnen einige der Regionen mit hohem MSP-Stimmenanteil trotz ihres niedrigen Entwicklungsgrades hohe Entwicklungs*raten;* einige gehören zu den sich am schnellsten entwickelnden Gegenden des Landes. Das zeigt, daß eine religiöse Partei wie die MSP Erfolg hat entweder in sehr traditionellen und/oder in einem rapiden Wandel sich befindenden Regionen. In Gebieten, die einem rapiden sozialen und ökonomischen Wandel unterliegen, kann sich in einer ›religiösen‹ Stimmabgabe Protest gegen den Wandel manifestieren. Das Festhalten am traditionellen Wertesystem und verstärkte Rückbesinnung auf die Religion erfüllen hier die Funktion psychischer Stabilisierung angesichts existentieller Verunsicherung. Das trifft auch für die Landflüchtigen in den *gecekondus* von Istanbul, Izmir oder Ankara zu, in denen die MSP einen nennenswert erhöhten Stimmenanteil hatte, wie auch für die Stadtbezirke, in denen die kleinen Händler und Handwerker wohnen.

Es ergibt sich somit das Bild, daß die MSP drei (sich überlappende) Wählerschichten ansprach:

1. Händler, Handwerker und Kleinunternehmer, die ihre vornehmlich ökonomischen Interessen bei der AP nicht mehr vertreten sahen und deshalb zur MSP überschwenkten;

2. traditionell religiöse Menschen im ländlichen Bereich, zumal auch Großgrundbesitzer in diesen Gebieten ein Interesse an der Stimmabgabe zugunsten der MSP hatten;

3. Marginalisierte in den *gecekondus* oder auf dem Lande, für die ein Rückgriff auf die Religion Ausdruck der Verunsicherung und des Protestes ist.

Strenggenommen entspricht einzig die dritte dieser Gruppen der eingangs skizzierten Bedeutung von Reislamisierung. Daß hierbei die Verunsicherung und der Protest sich nicht nur religiös manifestieren, sondern zusätzliche ideologische Faktoren eine Rolle spielen und erst alle Faktoren zusammengenommen die Dynamik einer Partei wie der MSP ausmachen, wird sich am Beispiel der MHP deutlich zeigen, die Ende der siebziger Jahre in die Wählerschichten der Heilspartei eindrang und auf ihre Kosten Stimmen gewann.

Während die Massenbasis der MSP aus einfachen Menschen besteht, findet sich in der Führungselite der Partei ein anderer Typus. Am Beispiel des Parteivorsitzenden Necmettin Erbakan läßt sich dies verdeutlichen:

Erbakan wuchs in Trabzon als Sohn eines Richters auf. Er besuchte das Gymnasium in Istanbul, anschließend die Technische Universität. Nach der Promotion studierte er zwei Jahre in Aachen und wurde dann Professor an der Technischen Universität in Istanbul[27]. In bezug auf ihn und andere MSP-Kandidaten bei den Wahlen, deren biographische und berufliche Daten sie analysiert hat, urteilt Binnaz Toprak: »Was diese Hintergrunddaten zeigen, ist eine Gruppe von Menschen, die im allgemeinen gut ausgebildet, beruflich erfolgreich, vermutlich von gut mittelständischem Einkommen und relativ jung sind. Sie entsprechen nicht dem Image eines stereotypen religiösen Fanatikers. Auch entsprechen sie nicht der Kategorie von Menschen, die nachteilig von der Modernisierung betroffen wurden und zur Religion gefunden haben als Ausdruck ihrer Unzufriedenheit.«[28] Ausschlaggebend scheint zu sein, daß diese Personengruppe einerseits die traditionelle türkische Kultur kennt, andererseits aber auch mit der westlichen Lebensweise vertraut ist, diese jedoch als bedrohlich empfindet, weil vertraute Werte und Sicherheiten durch sie zerstört werden. Zugleich ist sie eng verbunden mit jenen städtischen Händlern, Handwerkern und Kleinunternehmern, deren ökonomische Interessenvertretung sie übernimmt. Erst aus dieser Situation kann eine Ideologie entstehen, die für eine Industrialisierung, aber auf islamischer Grundlage, eintritt. Da diese Form der fundamentalistischen Ideologie sich deutlich vom Fundamentalismus der islamischen Sekten unterscheidet, ist zu erwarten, daß letztere die MSP eher als ›kleinstes Übel‹ unter den Parteien ansehen und sie zugleich als Instrument zur Durchsetzung ihrer eigenständigen Ideologie zu nutzen versuchen. Bevor wir dies ausführlicher darlegen, soll zunächst noch die zweite wichtige Partei mit fundamentalistischer Ideologie behandelt werden.

Die Nationale Aktionspartei (MHP)

Die MHP ist keine typisch islamisch-fundamentalistische Partei. Sie wird zumeist als extrem nationalistisch, rassistisch bzw. faschistisch charakterisiert. Für unser Thema ist sie dennoch von Interesse, gerade weil die MHP auch andere Ideen vertritt und erst im Laufe ihrer Entwicklung sich dem islamischen Fundamentalismus zuwandte.

Die Nationale Aktionspartei (MHP) ging 1965 aus der nationalistischen CKMP hervor. Unter der Führung des Ex-Obersten Alparslan Türkeş, der im Zweiten Weltkrieg über gute Beziehungen zur nationalsozialistischen Diktatur Hitlers verfügte, entwickelte die MHP die sog. ›Neun Lichter‹-Ideologie, die die folgenden Charakteristika enthält:

— ›Panturanismus‹, das heißt, alle Turkvölker sollen in einem einzigen Staat ›vereinigt‹ werden. Dementsprechend erhebt die MHP Anspruch auf Zypern, Teile Griechenlands und verschiedene Republiken der UdSSR. Türkeş: »Wo es auf der Welt einen Türken gibt, da fangen unsere Grenzen an.«[29]
— Antisemitismus und rassistischer Haß auf alle nichttürkischen Völker in den beanspruchten Gebieten (Armenier, Kurden, Griechen ...). »Wenn Ihr Kurden weiterhin Eure primitive Sprache sprecht ..., werdet Ihr von den Türken auf die gleiche Weise ausgerottet, wie man schon die Georgier, die Armenier und die Griechen bis auf die Wurzeln ausgerottet hat.«[30]
— ›Antikapitalismus‹ und ›Antikommunismus‹ im gleichen Sinne, wie ihn auch die MSP vertritt. Ebenfalls in Analogie zur MSP wird die Industrialisierung und Technisierung für die Entwicklung der türkischen Nation als vordringlich erachtet[31].

Zu Beginn ihrer Aktivitäten spielte die Religion in der Ideologie der MHP keine Rolle. Ihr Einfluß in ländlichen Gebieten war dementsprechend gering, sie rekrutierte ihre Aktivisten vor allem aus Ober-, Fach- und Hochschulabsolventen, die keine Chance auf eine ihrer Qualifikation entsprechende Berufstätigkeit hatten[32].

Die Wahlen von 1965 brachten der MHP 2,2 Prozent der Stimmen, doch verzeichnete die Partei in den folgenden Wahlen jeweils einen wachsenden Stimmenanteil und zum Schluß einen deutlichen Sprung nach vorn: Ihr Ergebnis stieg von 3,4 Prozent im Jahr 1973 auf 6,4 Prozent 1977. Im gleichen Zeitraum fiel der Stimmenanteil der MSP von 11,8 auf 8,6 Prozent zurück[33]. Neun von zwölf Sitzen, mit denen die MHP ihren Einfluß vergrößerte, wurden in Provinzen gewonnen, in denen die MSP Sitze verlor. Beide Parteien rekrutieren ihre Wähler offensichtlich aus den gleichen Schichten und standen in unmittelbarer Konkurrenz zueinander. Der Vormarsch der MHP gegenüber der MSP vollzog sich zwischen den Wahlen von 1973 und 1977, einer Zeit, in der die MHP ihre ursprünglich nur panturanistische Ideologie um fundamentalistische Positionen ergänzte und »mit dem Islam eine ideologische Allianz eingegangen war«[34]. Gerade diese Kombination von Panturanismus und Fundamentalismus erwies sich als besonders zugkräftig.

Den Grundstein zu dieser Entwicklung hatte Alparslan Türkeş in seinem Buch »Grundanschauungen« gelegt, in dem es heißt: »Die Religion des Islam, die unsere Nation bereits vor eintausend Jahren angenommen und sich angeeignet hat, wird unsere Nation fortbewegen und dem einzelnen bezüglich seiner Lebensphilosophie und seinen Moralvorstellungen Wegweiser sein. ... Das Türkentum und den Islam als zwei voneinander getrennte und sich widersprechende oder sich feindlich gesonnene, unterschiedliche Wesen anzusehen, ist für das Türkentum und für den Islam schädlich.«[35] Da sich die Betonung des Islam als erfolgreich erwies, nahm er in der Parteipropaganda einen immer größeren Stellenwert ein. 1977 schloß sich Türkeş den Forderungen anderer Gruppierungen an, die die Einführung von wöchentlich drei Stunden Pflichtreligionsunterricht sowie drei Stunden Koranlesung an den Oberschulen forderten. *Hergün,* die Parteizeitung der MHP, führte im März und April 1977 eine Unterschriftensammlung zugunsten der Einführung der Koranlesungen durch. Sie war damals das am stärksten herausgestellte Thema der MHP[36].

Während diese Hinwendung zum Islam sich in Wählerstimmen auszahlte, ist andererseits auch zu sehen, daß die nach wie vor propagierte ›Neun Lichter‹-Doktrin der MHP bei orthodox-islamischen Dogmatikern heftig als ›Ausdruck des Unglaubens‹ kritisiert wurde. Tatsächlich gibt es Hinweise, daß die MHP den Islam aus rein taktischen Gründen in ihre Propaganda aufgenommen hat. Die Tageszeitung *Milliyet* veröffentlichte am 11.5.1981 den Brief eines Parteiaktivisten an Türkeş. »Wie sich aus diesem Brief ergibt, hatte die MHP die Einrichtung selbständiger Korankurse – ebenfalls eine ihrer Forderungen während der siebziger Jahre – nur betrieben, um sie als Propagandazentren ihrer Ideologie benutzen zu können.«[37]

Doch auch wenn die Betonung des Islam in der Programmatik nur taktisch gewesen ist, an den Wahlergebnissen gemessen ging diese Rechnung auf. Die ›Neun Lichter‹-Theorie ihrerseits, die den orthodoxen Fundamentalisten unislamisch erschien, war gegenüber den Wählern ein Vorteil der MHP vor der MSP. Ihnen erschienen beide Ideologien keineswegs als wesensfremd: Beide sind ›exklusiv‹ und ›elitär‹ und finden ihren historischen Bezugspunkt in demselben Osmanischen Reich, das zugleich islamisch als auch ein Großreich unter türkischer Herrschaft (Panturanismus) war.

Zudem war die MHP in ihren Aktionen deutlich militanter als die MSP. Seit 1968 trainierte sie Jugendliche in Ausbildungslagern zu Terrorkommandos (›Graue Wölfe‹). Unter der Führung der MHP standen nicht weniger als 26 Unter- und Tarnorganisationen. Als sich Mitte der siebziger Jahre abzeichnete, daß die MHP keine Chance hatte, auf parlamentarischem Weg die Macht zu erlangen, ging sie zu Mord- und Terroraktionen über. Zwischen 1975 und 1980 wurden über fünftausend Menschen ermordet[38].

Ihr größtes Wählerpotential hatte die MHP in jenen Provinzen Mittel- und Ostanatoliens, die zugleich eine starke Mischbevölkerung (alewitisch/sunnitisch; türkisch/kurdisch) aufweisen. Ihre Erfolge in diesen Provinzen basieren insbesondere auf dem Ausnutzen und Aufstacheln tradierter Vorurteile gegen die alewitischen bzw. kurdischen Minderheiten, die als Sündenbock für die ökonomische und soziale Misere der marginalisierten Bevölkerung herhalten mußten. »Im Verlauf des Jahres 1978 forderten Straßenkämpfe zwischen den Rechten und Linken sowie politische Attentate, die vorwiegend von der Rechten verübt wurden, täglich drei bis vier Todesopfer. Die gespannte Atmosphäre entlud sich schließlich gegen Jahresende in einem Massaker in Kahramanmaraş. In dem offensichtlich von der MHP inszenierten Blutbad fanden über hundert Menschen den Tod.«[39]

Diese Eskalation der Gewalt, die den militanten Anhängern der MHP als Etappe auf dem Weg zur Machtübernahme galt, schuf zugleich unter der Mehrzahl der Bevölkerung ein Klima der Angst, wodurch die MHP objektiv den Boden für die Machtübernahme der Militärs bereitete.

Islamische Sekten und politische Parteien

Einerseits enthielten die Parteiprogramme von MSP und MHP wichtige Elemente des islamischen Fundamentalismus, andererseits jedoch Aussagen, die den Orthodoxen in den islamischen Sekten mißfielen. Zugleich standen auch die einzelnen Sekten in Konkurrenz zueinander und versuchten, personell und inhaltlich Einfluß auf im Parlament vertretene Parteien zu nehmen. Ein vollständiges Bild dieses komplizierten Prozesses läßt sich nicht zeichnen, zumal die geheimbündlerische Struktur der Sekten nur wenige Informationen an die Öffentlichkeit dringen läßt.

Zu den Wahlen 1973 sollen die Nurcular und die Nakşbendî eine Koalition zugunsten der MSP gebildet haben. Als Vertreter der Nakşbendî werden dabei der Parteivorsitzende der MSP, Erbakan, und Hasan Aksay mit seinen Anhängern genannt. Die Nurcular sollen durch die ›andersartige Gruppe‹ um Ahmet Tevfik Paksu in der MSP vertreten gewesen sein. Da in den folgenden Jahren die Nakşbendî-Gruppe um Erbakan die Partei immer stärker unter ihre Kontrolle brachte, zerbrach das Bündnis der beiden Sekten. Teilweise sollen die Nurcular daraufhin ihre Stimme der MHP gegeben haben. Die Süleymancılar verweigerten der MSP ihre Unterstützung, da diese bereits von den Nurcular und den Nakşbendî unterstützt wurde, und wandten sich der Gerechtigkeitspartei zu (siehe unten)[40].

Stellvertretend für die in einer mehr oder weniger engen Beziehung zur Nationalen Heilspartei stehenden Gruppierungen sei hier noch auf die Akıncılar eingegangen. »Die ›Akıncılar‹, eine ›islamisch-fundamentalistische‹ Gruppierung, wirkten – wohl auch mit Waffengewalt – auf die Auflösung der laizistischen Staats- und Rechtsordnung der Türkischen Republik hin.«[41] Die Zeitung *Hürriyet* berichtete am 18.12.1979 von einer Hausdurchsuchung in einem Gebäude in Ankara, das den Namen ›MSP-Nationaler Standpunkt-Kulturpalast‹ trug. In diesem Gebäude hatten auch die Akıncılar ihre Zentrale. »Bei der Hausdurchsuchung fanden die Sicherheitskräfte einen geheimen Schießstand, dessen hölzerne Schießscheiben Einschüsse aufwiesen. Darüber hinaus stellten sie große Mengen von Flugschriften und zu ihrer Anfertigung dienender Matritzen sicher.«[42] In einem Flugblatt hieß es:

»Im Namen Gottes, der die Despoten bezwingt. Dies ist ein Aufruf des Glaubenskämpfers, des kettenzerschlagenden Imam Khomeini. Erhebt Euch gegen die teuflischen Kräfte und gegen die Amerikaner. In Iran hat man die Unterdrückung erlebt. Helft, um zu zeigen, daß wir an der Seite der iranischen Muslime stehen, die ein Teil der Gemeinschaft der Muslime sind, durch die Durchführung von anti-amerikanischen Demonstrationen an den Orten, an denen Ihr Euch befindet ...«[43]

Aber selbst die Unterstützung, die die MSP derartigen Gruppierungen angedeihen ließ, ging einzelnen Fundamentalisten noch nicht weit genug. Als Ende 1979 der Parteivorsitzende Erbakan die Besetzung der Großen Moschee in Mekka kritisierte, wurde er von der Fundamentalisten-Zeitschrift *Hicret* scharf angegriffen[44].

Neben der MSP bemühte sich insbesondere auch die Gerechtigkeitspartei um Unterstützung durch islamische Sekten, während die Sekten umgekehrt in derartigen Offerten eine Chance sahen, ihren Einfluß auf die Politik geltend zu machen. So »soll es in den siebziger Jahren einen ständigen Kampf der Gerechtigkeitspartei und der Nationalen Heilspartei um die Gunst der ›Nurcular‹ gegeben haben«[45]. Die Zentrale der Sekte ist in Istanbul das Verlagsgebäude der Tageszeitung *Yeni Asya,* die in ihren Kommentaren die Gerechtigkeitspartei unterstützte[46].

Zugleich scheinen die Süleymancılar in der AP eine Gruppe innerhalb der Partei zu bilden. Vor den Wahlen 1977 hatte Demirel dieser Sekte zwölf Abgeordnetensitze als Gegenleistung für Wahlkampfhilfe versprochen. Am 28.5.1980 berichtete die Zeitung *Cumhuriyet* über den zweiten Groß-Kongreß der Süleymancılar in Hagen (BRD). An diesem Kongreß nahmen fünf Abgeordnete der AP teil, unter anderem der Führer der Süleymancılar und damalige AP-Abgeordnete Kemal Kacar. Neben anderen übermittelte auch der Generalsekretär der Gerechtigkeitspartei, Aydin Nahit Menteşe, eine Grußbotschaft an den Kongreß[47].

Diese Verflechtung der islamischen Sekten mit der MSP und der AP (sowie die zeitweise Unterstützung der MHP durch die Nurcular) verdeutlicht sicherlich die Versuche, auf das politische Geschehen in der Türkei Einfluß zu nehmen. Zweifelsohne waren diese Parteien auch bereit, den Sekten Zugeständnisse zu machen. Andererseits waren Konzessionen in Kernbereichen der politischen Programmatik nicht zu erwarten: Korankurse oder die Duldung antilaizistischer Manifestationen dienten der Wählermobilisierung, die konkrete, substantielle Politik verfolgte die Interessen der Großindustrie (AP) bzw. des traditionellen Gewerbes (MSP). Die politische Krise (im Gefolge der ökonomisch-sozialen Krise) Ende der siebziger Jahre war, so gesehen, Ausdruck der Tatsache, daß es den Parteien nicht mehr wie früher gelang, für ihre Elitenziele eine ausreichende Massenbasis zu mobilisieren.

Kapitel 7
Reislamisierungstendenzen nach dem Putsch 1980

Mit der Machtübernahme der Militärs am 12. September 1980 gehörte das frühere Parteienspektrum durch Verbot, Verfolgung und Inhaftierung der Vergangenheit an. Unter Zustimmung oder zumindest stillschweigender Duldung weiter Bevölkerungskreise setzte eine Welle der Repression gegen alle kritischen Stimmen ein. In der Ideologie der Militärs diente diese Unterdrückung dem Ziel der ›Zerschlagung des Terrorismus‹, der als Wurzel allen Übels gesehen wurde und dessen ›geistiges Umfeld‹ ebenfalls ausgetrocknet werden müsse.

Zugleich ist es bezeichnend für den Putsch der Militärs, daß sie jenseits der Hauptaufgabe ›Zerschlagung des Terrorismus‹ weder auf politischem und sozialem noch auf wirtschaftlichem Gebiet ein Programm zu bieten hatten. Vielmehr waren sie der Ansicht, daß mit dem Verschwinden des Terrorismus sich auch die grundlegenden sozialen und ökonomischen Probleme weitgehend von selbst lösen würden. Andererseits konnten sie nicht an der Tatsache vorbei, daß die Türkei Ende der siebziger Jahre ein bankrottes Land war, das international keine Kreditwürdigkeit mehr besaß. Der Internationale Währungsfonds hatte schon gegenüber der letzten zivilen Regierung unter Demirel deutlich gemacht, daß nur die Erfüllung der IWF-Forderungen dringend benötigte Kredite ermöglichen würde. Dementsprechend hatte Demirel den Wirtschaftsfachmann Turgut Özal beauftragt, ein Wirtschaftsprogramm im Sinne des IWF auszuarbeiten. Dieses Programm trat am 24. Januar 1980 in Kraft, fand auch die Zustimmung des IWF, doch vorgesehene Maßnahmen, wie das Einfrieren der Löhne und Gehälter, stießen auf eine sich rasch ausweitende Streikwelle der Betroffenen oder konnten, wie die geplante Steuerreform, aufgrund der Handlungsunfähigkeit des Parlaments nicht verabschiedet werden.

Es waren die Militärs, die mit der Zerschlagung von Gewerkschaften und Parteien die Voraussetzung schufen, um alle Forderungen des IWF zu erfüllen. Während die Generäle alle übrigen Politiker verhafteten und später mit einem Politikverbot auf zehn Jahre belegten, wurde Turgut Özal zum Wirtschaftsminister der Militärregierung ernannt. Damit entstand eine Arbeitsteilung: Die Militärs (allesamt keine Wirtschaftsexperten) überließen die Sanierung der türkischen Wirtschaft dem Fachmann Özal, während sie selbst sich um die ›Zerschlagung des Terrorismus‹ kümmerten.

Turgut Özal: Werdegang eines Politikers

Mit Turgut Özal war ein Mann in führende Position gerückt, dessen politische Heimat in den siebziger Jahren im Umfeld der fundamentalistischen MSP gewesen war. Noch bei den Wahlen 1977 hatte er in Izmir für die MSP kandidiert, war aber nicht gewählt worden. Sein Bruder Korkut Özal war einer der führenden Funktionäre der Partei, während Turgut dort nur eine Nebenrolle spielte. Denn während für den harten Kern der MSP-Elite die Ökonomie der fundamentalistischen Ideologie untergeordnet war, war für Özal die Beachtung der islamischen Werte wichtig, zentral aber der Stellenwert der Ökonomie. Auch waren seine wirtschaftspolitischen Vorstellungen nicht die der kleinen Händler und Gewerbetreibenden, auf die die MSP sich stützte, sondern die der Großindustrie. Und als diese sich im Verlauf der Wirtschaftskrise Ende der siebziger Jahre die Forderungen des IWF zu eigen machte, während die Kleinindustrie und das traditionelle Gewerbe sie zurecht als gefährlich für ihre Zukunft kritisierten, war es nur folgerichtig, daß Özal vom MSP-Kandidaten überschwenkte zum Wirtschaftsarchitekten der Demirel-Regierung. In seinem Werdegang ist diese Entwicklung schon vorgezeichnet.

»1950 absolvierte Özal nach einem vierjährigen Studium, das er mit einem Regierungsstipendium finanzierte, die Technische Hochschule von Istanbul als Elektroingenieur. Bereits hier lernte er seinen künftigen Chef im Kabinett, Süleyman Demirel, und den künftigen Vorsitzenden der ›Nationalen Heilspartei‹, Necmettin Erbakan, kennen. Mit der Annahme des Stipendiums hatte er sich zu acht Jahren Staatsdienst verpflichtet. Mit der ›Demokratischen Partei‹ unter ihrem Vorsitzenden Adnan Menderes, der für mehr Liberalität in Politik und Wirtschaft plädierte, begann Özals berufliche Laufbahn im Staatsdepartment für Elektrifizierung in Ankara.«[1] 1952 absolvierte er ein einjähriges Wirtschaftsingenieur-Praktikum in den USA. 1958 leitete er die Planungskommission zur Erstellung eines Drei-Jahres-Wirtschaftsplanes. Als in diesem Jahr die abhängige Entwicklung der Türkei zur ersten Zahlungsbilanz- und Wirtschaftskrise führte, gehörte Özal zu den Beauftragten der türkischen Regierung bei den Verhandlungen mit dem IWF. 1961 arbeitete er im Auftrag der damaligen Militärregierung zusammen mit dem US-Ökonomen Tinbergen den Plan für eine ›Mixed Economy-Policy‹ für die Türkei aus. In der Regierungszeit Demirels wurde er 1966 Chef der Staatlichen Planungsorganisation und war maßgeblich an der Erstellung des Fünf-Jahres-Planes von 1968 bis 1972 beteiligt. Als 1970 die zweite Wirtschaftskrise ausbrach, war Özal wiederum Verhandlungspartner des IWF. Danach ging er für zwei Jahre zur Weltbank nach New York als Berater für industrielle Projekte. Nach seiner Rückkehr in die Türkei (1973) arbeitete er für verschiedene Industrievereinigungen und leitete kurze Zeit den Metall-Arbeitgeberverband, bevor er 1979 Staatssekretär und Leiter der Planungsorganisation in der Demirel-Regierung wurde. Im September 1980 ernannten ihn die Militärs zum Wirtschaftsminister[2].

Was an der Person Özals und seines Werdeganges deutlich wird, läßt sich in vieler Hinsicht auch generalisieren: Der Putsch der Militärs war der Endpunkt einer drei Jahrzehnte währenden Entwicklung, in deren Verlauf der Gegensatz zwischen der Importsubstitutionsstrategie einerseits und den Interessen der Großindustrie andererseits immer stärker zugunsten der letzteren entschieden wurde, bis sie mit dem Putsch 1980 und unter dem Druck des IWF ein neues, für sie attraktives Akkumulationsmodell durchsetzen konnte.

Das Wirtschaftsprogramm des IWF

Das von Demirel begonnene und nach dem Militärputsch konsequent durchgesetzte Wirtschaftsprogramm gemäß den Forderungen des IWF hatte als Kerngedanken die Förderung der türkischen Exporte. Durch verstärkte Exporteinnahmen sollte die chronische Devisenknappheit der Türkei behoben werden. Als wichtigste Märkte kamen die Länder des Nahen Ostens in Betracht. Doch die Türkei war traditionell kein exportorientiertes Land. Exportförderung mußte deshalb bedeuten, zunächst eine Exportindustrie aufzubauen. Das hierfür notwendige Kapital sollte durch sinkende Lohnkosten akkumuliert werden. Zugleich sollte ein Fallen der Reallöhne die Kaufkraft im Land senken und dadurch die Inflationsrate, die 1980 bei über 100 Prozent gelegen hatte, herabgedrückt werden. Ein gleichzeitiges Anheben der Sparzinsen über den Prozentsatz der gesunkenen Inflationsrate sollte die Spartätigkeit, die in der Zeit der galoppierenden Inflation zum Erliegen gekommen war, wieder ankurbeln und damit zusätzliches Kapital für den Aufbau der Exportindustrie freisetzen[3].

In der Tat hat die türkische Wirtschaft seit 1980 einen imposanten Zuwachs der Exporte erlebt; das Ausfuhrvolumen hat sich seither mehr als verdoppelt. Doch zugleich stiegen auch die Importe, und das Zahlungsbilanzdefizit ist nach wie vor hoch. Das Ansteigen der Exporte ist außerdem nicht auf den erhofften Aufbau einer entsprechenden Industrie zurückzuführen, sondern einerseits auf staatliche Exportsubventionen und andererseits auf die Lieferung von Lebensmitteln und Textilien an die beiden kriegführenden Länder Irak und Iran. Eine wirkliche Sanierung der türkischen Wirtschaft hat bis heute nicht stattgefunden.

Zugleich bewirkte die Politik der Exportförderung jedoch einen Strukturwandel in der Industrie: Die Situation der siebziger Jahre war durch die Polarisierung in die dominante Großindustrie und eine ums Überleben kämpfende Kleinbourgeoisie charakterisiert, wobei AP bzw. MSP als ihre politischen Interessenvertreter fungierten. Gemeinsam war beiden Gruppen die weitgehende Orientierung am türkischen Binnenmarkt. Mit dem Sinken der Massenkaufkraft schrumpfte auch dieser Binnenmarkt (siehe unten), und die Produzenten standen vor der

Frage, ob ihre Waren exportfähig seien. Zusätzlich zu der genannten Polarisierung entstand damit eine Trennungslinie entlang exportfähiger und nicht exportfähiger Produktion. Jene Teile der Großindustrie wie auch kleinerer Unternehmen, die exportfähige Waren erzeugen, unterstützten vehement die neue Wirtschaftspolitik, während die übrigen Unternehmen ebenso heftig Kritik übten. Der Riß ging quer durch die einzelnen Handelskammern und Industrievereinigungen. Die ›Exportfraktion‹ hatte dabei in der Mutterlandspartei (AnaP), die im Dezember 1983 die Regierung übernahm, eine Interessenvertretung, während die ›Binnenmarktfraktion‹ im neuentstandenen Parteienspektrum noch auf der Suche nach geeigneten Fürsprechern ist bzw. versucht, innerhalb der AnaP eine Gegenströmung zu bilden. Diese ökonomische Besonderheit läßt vermuten, daß der Prozeß der Parteienbildung im Sinne ökonomischer Interessenvertretung noch keineswegs abgeschlossen ist[4].

Für die Frage der Massenbasis nach dem Putsch und in den kommenden Jahren ist es bedeutsam, wie sich das Wirtschaftsprogramm des IWF auf die ökonomische Sitution der Bevölkerung ausgewirkt hat und noch auswirken wird. Seit Beginn der Wirtschaftskrise 1977 bis 1984 sind die Reallöhne um rund die Hälfte gesunken[5]. Zahlreiche Subventionspreise in der Landwirtschaft wurden aufgehoben oder nicht der Inflation entsprechend angehoben. Die Kaufkraft der Bevölkerung ist dementsprechend drastisch zurückgegangen. Andererseits gelang es der Militärregierung, die Inflationsrate von über 100 Prozent 1980 auf unter 30 Prozent 1983 zu drücken. Dies wurde von den Verbrauchern mit großer Erleichterung aufgenommen; Özal erwarb sich damals den Ruf eines Bezwingers des ›Monsters Inflation‹. Mittlerweile jedoch ist die Inflationsrate wieder im Steigen begriffen, wobei die offiziellen Statistiken nicht berücksichtigen, daß in letzter Zeit die Preise für Grundnahrungsmittel besonders angestiegen sind. So stiegen die Preise für Hülsenfrüchte 1985 um 108,8 Prozent[6]. Die offiziell angegebene Arbeitslosenquote stieg von 14,8 Prozent 1980 auf 16,5 Prozent 1984 an, doch dürfte die tatsächliche Arbeitslosenquote gut doppelt so hoch liegen[7]. Die neue Wirtschaftspolitik in der Türkei ist damit zum Erhalt einer breiten Massenbasis denkbar ungeeignet.

Gelenkte Demokratie und Reislamisierung

Zugleich mit ihrer Machtergreifung hatten die Militärs verkündet, sie würden das Land wieder zur Demokratie zurückführen. Und abgesehen davon, wie sich die Militärs ›Demokratie‹ vorstellen, muß ihnen bescheinigt werden, daß sie konsequent und im Rahmen ihres Zeitplanes dieses Versprechen erfüllten. 1982 wurde eine neue Verfassung ausgearbeitet und zur Abstimmung gestellt. Ein ›Ja‹ zur Verfassung bedeutete zugleich eine Ja-Stimme für die Wahl des Vorsitzenden des Nationalen Sicherheitsrates, General Kenan Evren, zum Staatspräsidenten. Da die neue Verfassung dem Staatspräsidenten ein letztinstanzliches Entscheidungsrecht in allen wichtigen Fragen zubilligt, war dies gleichbedeutend mit der weiteren Oberaufsicht der Militärs über das politische Geschehen hinter der Fassade einer ›gelenkten Demokratie‹[8].

Im November 1983 wurden dann Parlamentswahlen abgehalten. Zu diesen Wahlen wollten fünfzehn neugegründete Parteien antreten, zwölf von ihnen wurden von den Militärs als mißliebig entweder verboten oder nicht zugelassen. Von den drei zugelassenen Parteien waren zwei von den Militärs selbst ins Leben gerufen worden. Sie sollten nach dem Willen der Generäle im neuen Parlament Regierung und Opposition verkörpern. Die dritte zugelassene Partei war die Mutterlandspartei (AnaP) Özals. Er, der den Militärs bis Juni 1982 als Wirtschaftsarchitekt gedient hatte, erschien ausreichend konform mit ihren Vorstellungen, so daß seine Partei als demokratisches Alibi dienen konnte. Was die Militärs offenkundig nicht erwartet hatten, war der überwältigende Wahlsieg Özals, dem es im Wahlkampf gelungen war, sich als unabhängig von den Streitkräften zu profilieren. Abgesehen von der Farblosigkeit der beiden anderen Spitzenkandidaten (Sunalp und Calp) dürfte für den Wahlsieg Özals einerseits die ihm zugesprochene Kompetenz (Bezwinger des ›Monsters Inflation‹) eine tragende Rolle gespielt haben, andererseits sein bewußtes Bekenntnis zum Islam.

Die Strategie der Militärs gegenüber den islamischen Fundamentalisten

Nach dem Putsch bedienten sich die Militärs einer Art Doppelstrategie gegenüber dem islamischen Fundamentalismus. Auf der politisch-organisatorischen Ebene wurde er durch das Parteienverbot ausgeschaltet, von dem MSP und MHP genau wie die anderen Parteien auch betroffen waren. Erbakan wurde zunächst wie Ecevit und Demirel unter Hausarrest gestellt, während der Führer der MHP, Türkeş, ins Gefängnis kam. Demirel und Ecevit wurden bald wieder freigelassen, jedoch mit einem generellen Verbot politischer Betätigung belegt, während Erbakan und Türkeş der Angriffe auf die Verfassung angeklagt wurden[9]. Im Februar 1983 wurde Erbakan zu vier Jahren Gefängnis verurteilt, weil er mit seiner Partei versucht habe, den säkularen durch einen islamischen Staat zu ersetzen. Dreiundzwanzig führende Parteimitglieder der MSP wurden zu Gefängnisstrafen zwischen zwei und drei Jahren verurteilt[10], jedoch ist, durch langwierige Revisionsverfahren bedingt, das Urteil bis heute nicht rechtskräftig. Die Führungsspitze der MHP wurde in einem Mammutprozeß angeklagt, der sich bis heute hinzieht, ohne daß ein Ende abzusehen wäre. Türkeş selbst, dem ursprünglich die Todesstrafe drohte, wurde im Sommer 1985 aus »gesundheitlichen Gründen« freigelassen und von seinen Anhängern mit Jubel begrüßt[11].

Neben dieser – zumindest vorübergehenden – organisatorischen Ausschaltung der islamischen Fundamentalisten vollzogen die Militärs gleichzeitig eine inhaltliche Annäherung, womit sie dem gesellschaftlichen Trend Rechnung trugen. So führten sie, um die Reislamisierungstendenzen unter ihrer eigenen Kontrolle zu halten und den Einfluß der ihnen suspekten Koranschulen zurückzudrängen, erstmals seit der Gründung der Republik die islamische Unterweisung an den Schulen als Pflichtfach auf allen Klassenstufen ein. Ein Recht der Eltern, ihre Kinder von diesem Unterricht freistellen zu lassen, gibt es nicht mehr. Um jedoch nicht mit dem Verfassungsgrundsatz des Laizismus in Widerspruch zu geraten, bilden die neuen Richtlinien für den Religionsunterricht ein eigenwilliges Konstrukt: Zum einen wurde der Pflichtreligionsunterricht mit dem früher schon erteilten Fach ›Moralunterricht‹ zusammengelegt, in dem schon bisher ethische Werte des Koran vermittelt wurden. Zum anderen betonen die Richtlinien, der Unterricht sei nur dem theoretischen Teil der Religion gewidmet, die Praxis dagegen, die Durchführung und Einhaltung der islamischen Gebote, würde niemandem aufgezwungen [12].

Neue Tendenzen der Reislamisierung

Zwar wurden nach dem Putsch die Führungsspitzen von MSP und MHP organisatorisch ausgeschaltet und die Gründung von Nachfolgeorganisationen untersagt, aber die Ideologien beider Parteien blieben wach. Da eine politische Einflußnahme ehemaliger MSP- und MHP-Mitglieder eigenständig nur schwer möglich war, die neugegründete und erfolgreiche Mutterlandspartei Özals jedoch allen konservativen Kräften offenstand, entwickelte die AnaP sich rasch zum Sammelbecken für MSP- und MHP-Aktivisten. Mitte 1984 tauchten in der Presse die ersten Berichte über Auseinandersetzungen zwischen MSP- und MHP-Anhängern in der AnaP auf [13]. Es zeichnete sich ab, daß es in der Mutterlandspartei je nach Sichtweise zwei bzw. drei Fraktionen gibt. Ungefähr gleichstark standen sich eine MSP- und eine MHP-Fraktion gegenüber. Turgut Özal und seine engsten Mitarbeiter wurden dabei entweder der MSP-Fraktion zugeordnet oder als eine dritte Strömung behandelt, die zwischen beiden Lagern stehe. Im August 1984 hieß es dann in einem Bericht der Zeitung *Cumhuriyet:* »In Konya wird die AnaP von der MSP unterwandert: Von der Provinzorganisation der Mutterlandspartei kam ein Beschwerdebrief mit 83 Unterschriften an den Vorsitzenden der Partei, Turgut Özal. In diesem Brief wird davon gesprochen, daß die aufopfernden Freunde, die der Partei den Wahlsieg des 6. November und des 25. März (Kommunalwahlen/d.Verf.) beschert haben, nun langsam aus der Partei gedrängt werden und andere Personen, die nicht den vereinheitlichenden und konstruktiven Prinzipien der AnaP, sondern den Idealen der verbotenen MSP anhängen, in den Vordergrund getreten seien.« [14]

Auf der anderen Seite wurde auch die MHP-Fraktion tätig. Auf einem Provinzkongreß der AnaP kam es im Januar 1985 zu einer bezeichnenden Auseinandersetzung: »Nach der Rede des Parteivorsitzenden Turgut Özal begannen etwa zweihundert jugendliche Anhänger der ›Türkistenfraktion‹ ständig zu stören, sie gingen auf die Vertreter der ›Glaubensfraktion‹ zu, unterbrachen deren Reden mit Schmährufen und stellten schließlich eine zweite Liste für die Wahl des Provinzvorstandes auf. Schließlich aber gewann die Liste des Vorsitzenden Özal die Wahl für den Vorstand.« [15] Die Zeitschrift *Nokta* kommentierte diesen und ähnliche Vorfälle mit folgender Überlegung: »... auf der einen Seite würde Özal viel von seiner Stärke verlieren, wenn diese Fraktion die Partei verließe. Auf der anderen Seite ist diese Fraktion selber zu klug, um sich einfach kaltstellen zu lassen. Man kann das derzeitige Vorgehen eher interpretieren als Reduzierung des MHP-Einflusses in der Partei. Sicherlich möchte Özal nicht, daß von den MHPlern ein innerer Putsch durchgeführt wird. Auf der anderen Seite hat diese Tendenz aber so viele Abgeordnetensitze gewonnen, daß bei einem Rückzug der MHP die Mehrheit der AnaP gefährdet wäre.« [16]

Für Özal hatte damit ein schwieriger Balanceakt begonnen. Einerseits hat er seine eigenen politischen Vorstellungen, zu denen allerdings ein hoher Stellenwert des Islam gehört, was ihn mit der MSP verbindet, andererseits kann er nicht ohne Zugeständnisse an die beiden Fraktionen regieren. Der Parteikongreß der AnaP im Sommer 1985 brachte schließlich eine vorläufige Entmachtung der MHP-Anhänger durch den Zusammenschluß Özals mit der MSP-Tendenz, was sich sogleich in einer verstärkten Welle von Reislamisierungsmaßnahmen niederschlug. Die führende Rolle dabei fiel dem Minister für Erziehung, Jugend und Sport, M. Vehbi Dinçerler, zu.

Dinçerlers Werdegang ist erneut ein Beispiel für jenen Typus des modern ausgebildeten, intellektuellen Fundamentalisten, der in der westlichen geradeso wie in der traditionellen Kultur bewandert ist. Er wurde 1940 in Gaziantep geboren, erlangte einen Ingenieursabschluß an der Technischen Universität in Istanbul und wurde in den USA Mitarbeiter bei der Weltbank. Danach war er Dozent an der Universität von Gaziantep, bevor er im Kabinett Özal 1983 Erziehungsminister wurde [17]. Der Katalog der von ihm erlassenen Maßnahmen reicht von einer Kleiderverordnung für junge Mädchen, Einschränkung des Alkoholausschankes in der Nähe von Moscheen und die Diskussion um Bier als Alkohol über Arabisch als Fremdsprache an Schulen bis zur Kleidung der Jugend bei Feierlichkeiten. Seine letzte Tat, bevor er ins Staatsministerium überwechselte, war der Erlaß, aus den Schulbüchern künftig Darwins Evolutionslehre zu streichen, da diese dem Islam widerspreche. Die Diskussion dieses Erlasses in den Medien und die Abberufung Dinçerlers als Erziehungsminister zeigen aber auch, daß derartige Auslegungen des Koran vielen – auch religiösen – Menschen zu weit gehen[18].

Es scheint also eine Situation eingetreten zu sein, in der zwar viele Türken der Religion einen höheren Stellenwert als früher beimessen, der militante Fundamentalismus jedoch eine untergeordnete Funktion spielt, auch wenn einzelne seiner Manifestationen und deren Echo in den Medien den Eindruck erwekken, die Türkei würde von einer Welle des Fundamentalismus überspült.

Dies wird zunächst einmal deutlich an der ›Partei des Wohlstandes‹ (Refah Partisi), die mittlerweile die inoffizielle Nachfolge der MSP angetreten hat. Ihr erster Kongreß fand im Juni 1985 statt: »Der 1. ordentliche Kongreß der ›Partei des Wohlstandes‹, RP, ging gestern in Ankara vor einer großen Zahl von Delegierten und Zuhörern zu Ende. Ahmet Tekdal wurde erneut zum Vorsitzenden gewählt. Bei der Verlesung des Grußtelegramms von Necmettin Erbakan wurde fünf Minuten lang applaudiert. Der Kongreß wurde mit einem Gebet eröffnet und neben der Veranstaltung wurden Bücher religiösen Inhalts verkauft.«[19] Neben dieser Kurzmeldung in *Cumhuriyet* findet sich die RP jedoch selten in den Medien erwähnt, »da sie im politischen Hin und Her zwischen links und rechts keine Rolle spielt. Einzig die *Milli Gazete,* das Leib- und Magenblatt der Fundamentalisten, berichtet viel über diese Partei, so unlängst über ihren Kongreß.«[20] Bezeichnend ist, daß die Zeitung *Milli Gazete,* die in ihren besten Tagen vor dem Putsch der Generäle eine Auflage von 80.000 hatte, inzwischen auf 30.000 Exemplare abgesunken ist. Im Gegensatz dazu verzeichnet das parteipolitisch nicht gebundene Monatsmagazin *Islam* mit einer Auflage von 100.000 Exemplaren ein wachsendes Interesse und entwickelte sich mittlerweile zur auflagenstärksten religiösen Zeitschrift in der Geschichte der türkischen Republik. Diese Renaissance des Islam drückt sich auch auf dem Buchmarkt aus: 1984 waren von 7.224 in der Türkei erschienenen Büchern 505 islamische Abhandlungen[21].

Während diese Renaissance des Islam sich in aller Öffentlichkeit vollzog und in vielem ein Ventil für die erzwungene politische Friedhofsruhe nach dem Putsch darstellte, war es in den ersten Jahren der Militärherrschaft um den harten Kern der Fundamentalisten und die islamischen Sekten ruhig geworden. Nur wenige Meldungen diesbezüglich erschienen in der türkische Presse. So hieß es im Juli 1984 in einer kurzen Meldung in *Cumhuriyet:* »Drei Studenten am theologischen Gymnasium in Tarsus wurden unter dem Verdacht, Propaganda für die Nurculuk-Sekte betrieben zu haben, durch die politische Polizei verhaftet.«[22] Im Mai 1985 wurde vermeldet, in Ankara habe ein Prozeß gegen vierzehn mutmaßliche Mitglieder der Nakşbendî-Sekte begonnen, denen vorgeworfen wird, das Sheriat-Recht wieder einführen zu wollen[23]. Auch die Entdeckung illegaler Korankurse, wie sie von verschiedenen Sekten, insbesondere den Süleymancılar, als Handarbeitskurs, Imkerverein und anderes getarnt durchgeführt werden, schien rückläufig zu sein: »Man kann also annehmen, daß diese Korankurse in der letzten Zeit, wenn auch nicht ganz verschwunden, so doch zahlenmäßig stark zurückgegangen sind. Der Hauptgrund für diesen Rückgang liegt sicher darin, daß die militärischen Behörden überall und auf allen Gebieten eine strenge Kontrolle ausüben. Es ist also derzeit viel schwieriger geworden, eine Koranschule aufrechtzuerhalten.«[24]

Im Oktober 1985 veränderte sich jedoch das Bild; sicher nicht, weil über Nacht die Zahl der Korankurse zugenommen hätte, sondern vielmehr, weil Staatspräsident Kenan Evren in verschiedenen Reden das Augenmerk auf die islamischen Sekten richtete. Als Redner bei der Semestereröffnungsfeier der Universität Istanbul führte er aus: »Wir können beobachten, daß reaktionäre und religiöse Organisationen ihre Aktivitäten in verschiedenen Formen verstärken. Wir verfolgen diese Entwicklung sorgfältig. Ich möchte Sie alle nachdrücklich auffordern, wachsam und auf der Hut zu sein. Unsere Universitäten müssen Bollwerke gegen religiösen Konservatismus und Reaktion werden.«[25] In den folgenden Wochen nahmen sich auch die Medien dieser Warnungen an. Unter dem Schlagwort *irtica,* einem Sammelbegriff für Fortschrittsfeindlichkeit, religiöse Reaktion und Obskurantismus, wurde breit über die Aktivitäten islamischer Sekten berichtet. Die Zeitung *Milliyet* benannte insgesamt neun aktive Organisationen: Vier Gruppierungen (Nurcular, Süleymancılar, Nakşbendî und Ticânîlik), die traditionell in der Türkei eine Rolle spielen, sowie die zur MSP gehörenden Akıncılar (siehe Kapitel 3 und 6). Neu hinzugekommen sind vier Organisationen, die als pro-iranisch eingestuft werden: Hizb-ul Islam (Partei des Islam), Hizb-ul Tahrir (Partei der Befreiung), die Organisation des Islamischen Heiligen Krieges und die Organisation der Nationalen Sicht. Diese sollen direkt aus Iran bzw. Saudi-Arabien finanziert werden[26]. In weiteren Berichten nannte *Milliyet* unter anderem den Fall des Hoca Mahmut, eines Nakşbendî, der in einer Moschee in Istanbul vor 3.500 verschleierten Frauen Fernsehen und Zeitunglesen als unislamisch brandmarkte: »Jene, die diesen unnützen Tätigkeiten frönen, werden das Licht Allahs nicht sehen.«[27]

Nachdem auf diese Weise die Reislamisierung zu einem öffentlichen Thema geworden war, nahm sich auch die Regierung Özal der Sache an. Hatte der Ministerpräsident bislang im Hinblick auf die religiöse Fraktion in seiner Mutterlandspartei die Frage des Fundamentalismus als unproblematisch dargestellt, so gab die Regierung nunmehr eine Expertise in Auftrag, um das Ausmaß der Reislamisierungstendenzen zu ermitteln. Das Ergebnis der Untersuchung war unter anderem die Zahl von 961 illegalen Korankursen und religiösen Geheimzirkeln (wobei unter ›religiöse Geheimzirkel‹ allerdings auch die als ›subversiv‹ geltenden Gemeinden der ›Zeugen Jehovas‹ und andere nichtislamische Zusammenschlüsse zählen)[28]. In verschiedenen Stellungnahmen erklärte die Regierung zugleich, daß sie die Situation voll im Griff habe: »Wir beobachten diese Organisationen sorgfältig. Wir wissen alles über sie: was sie machen, wo und wie. Wir können sie dingfest machen, sobald sie irgend etwas unternehmen.«[29] Es scheint daher, daß für die staatlichen Sicherheitskräfte die islamischen Sekten derzeit keine aktuelle Gefahr darstellen. Wohl aber wird die Gefahr gesehen, daß die durchaus erwünschte Renaissance des Islam in der Bevölkerung in Zukunft den Sekten einen Zulauf bescheren könnte, der die Doppelstrategie der Militärs beeinträchtigt. Bislang jedoch ist diese Doppelstrategie aufgegangen: Ein von einer Großzahl der Bevölkerung gewünschtes Ausmaß an Hinwendung zum Islam wird staatlicherseits nicht nur geduldet, sondern sogar verordnet, wodurch die Möglichkeit für die Regierung besteht, den harten

Kern der Fundamentalisten organisatorisch auszuschalten bzw. zu isolieren und damit relativ ungestört und in der Gewißheit einer ausreichenden Massenbasis die neue Wirtschaftspolitik durchzuführen.

Zugleich aber zeichnete sich 1986 eine Entwicklung ab, die Özals Basis schrumpfen ließ, jedoch nicht zugunsten der islamischen Fundamentalisten, sondern zum Vorteil des früheren Ministerpräsidenten Süleyman Demirel. Hatte Özal bislang schon zwischen den verschiedenen Gruppierungen innerhalb der AnaP lavieren müssen, so traten nunmehr neue Widersprüche hinzu:

Sowohl im türkischen Unternehmerverband (TÜSIAD) als auch in den örtlichen Industriekammern geriet der Ministerpräsident von zwei Seiten unter Beschuß: Einerseits mußte die exportorientierte Industrie 1986 die Erfahrung machen, daß die Zeit hoher Zuwachsraten dem Ende entgegengeht. In den Tageszeitungen tauchten vermehrt Meldungen wie die folgende auf: »Die Textilbranche, die als Zugpferd der türkischen Wirtschaft gilt, weil sie viele Arbeitsplätze schafft und ein großes Exportpotential darstellt, befindet sich in diesen Tagen im Todeskampf.«[30] Die Forderungen der exportorientierten Industrie beinhalten deshalb Maßnahmen, die auf Kosten des Binnenmarktes (insbesondere auch des Staatshaushaltes) den Export fördern sollen. Dem stehen die Forderungen des binnenmarktorientierten Sektors gegenüber, die Özal gerade deshalb kritisieren, weil er noch immer an der exportorientierten Wirtschaftspolitik festhält.

Zusätzlichen Sprengstoff erhielt die Auseinandersetzung im Hinblick auf die Nachwahlen im September 1986, die allgemein als Testwahl für Özal angesehen wurden (siehe unten). Bereits im April 1986 berichtete die Zeitung *Cumhuriyet:* »IWF widersetzt sich der AnaP – Der Vorbereitung einer Wirtschaftspolitik nach wahltaktischen Gesichtspunkten, die die AnaP-Regierung im Frühjahr und in den Sommermonaten vor den Teilwahlen durchzuführen plant, werden vom IWF Steine in den Weg gelegt. Der IWF warnte die Regierung, er würde sie in seinem jährlichen Bericht kritisieren, sollte sie die Methoden der ›Wahlökonomie‹ anwenden.«[31] Damit war auch offensichtlich, daß Özal selbst die Notwendigkeit sah, zum Erhalt seiner Massenbasis mehr zu tun, als die Karte der Islamisierung des öffentlichen

Lebens zu spielen. Sein bisheriger Balanceakt zwischen großindustrieller Wirtschaftspolitik und islamischen Zugeständnissen begann problematisch zu werden, da sowohl Teile der Wähler als auch Kreise der Großindustrie nach einer Alternative Ausschau hielten. Dieser Prozeß spiegelt sich besonders deutlich in den Veränderungen der türkischen Parteienlandschaft wider, die wir abschließend darstellen wollen.

Zu den ersten Wahlen nach dem Putsch hatten die Militärs nur drei Parteien zugelassen: zwei von ihnen selbst ins Leben gerufene, die MDP und die HP, und Özals AnaP. Das Wahlergebnis im November 1983 brachte einen überwältigenden Sieg der AnaP (siehe Tabelle gegenüber). Die beiden ›Generalsparteien‹ hatten keinen langen Bestand; obwohl im Parlament vertreten, lösten sie sich auf. Aus ihnen gingen (neben kleineren Gruppierungen) jeweils zwei Nachfolgeparteien hervor (DYP und HDP, sowie SHP und DSP), wodurch die seltsame Konstellation entstand, daß im Parlament Parteien vertreten waren, die sich noch nie zur Wahl gestellt hatten. Unabhängig von diesem Transformationsprozeß wurden weitere Parteien gegründet, von denen uns hier vor allem die MCP und die RP interessieren sollen.

Das Ergebnis dieser Veränderungen des Parteienspektrums läßt sich zunächst folgendermaßen zusammenfassen: Neben die AnaP, die als einzige seit 1983 besteht, traten Parteien, die unter neuen Namen das Spektrum der siebziger Jahre wieder aufleben lassen. Zwar sind die führenden Politiker jener Zeit mit einem Politikverbot bis 1990 belegt worden, aber hinter den Kulissen sind sie die wirklichen parteipolitischen Gegenspieler Özals: Demirels Gerechtigkeitspartei fand ihren Nachfolger in der DYP, die Republikanische Volkspartei Ecevits firmiert heute unter dem Namen DSP und steht unter dem Vorsitz von Ecevits Frau Rahsan. Aus Türkeş' MHP ging die MCP hervor, und Erbakans MSP wird heute von der RP fortgeführt. Zugleich zeigt die nebenstehende Tabelle aber auch, daß es den beiden großen Parteien der siebziger Jahre nicht gelungen ist, konkurrenzlos die traditionellen Wählerpotentiale auszuschöpfen: Einerseits ist die AnaP hinzugekommen, andererseits existiert für Demirel und Ecevit jeweils eine Gegenpartei gleicher Orientierung (HDP und SHP).

Die Veränderung des türkischen Parteienspektrums (1983-1986)

Partei	Stimmen Nov. 1983	Partei	Mitglieder Juni 1986	Sitze Juni 1986	Stimmen bei der Nachwahl Sept. 1986	zusätzl. Sitze	Vorsitzende(r)	Unterstützer
AnaP	45,1 %	AnaP	597.029	224	32,0 %	6	T. Özal	
MDP	23,3 %	DYP	263.395	–	23,5 %	4	H. Cindoruk	S. Demirel
		HDP	17.809	21	1,4 %	–	M. Yazar	
		VAP	–	2	1,0 %	–		
		MCP	5.908	–	2,1 %	–	A. Koc	A. Türkeş
		RP	57.143	–	5,5 %	–	A. Tekta	N. Erbakan
HP	30,5 %	SHP	285.849	84	22,8 %	1	E. Inönü	
		DSP	–	4	8,7 %	–	R. Ecevit	B. Ecevit
		Unabhängige		54				
		Unbesetzt		11	Neu-besetzt	11		

AnaP: Mutterlandspartei, DYP: Partei des Rechten Weges, HDP: Freie demokratische Partei, VAP: Partei der Bürger, MCP: Nationale Arbeitspartei, RP: Wohlstandspartei, SHP: Sozialdemokratische Volkspartei, DSP: Partei der demokratischen Linken, MDP: Nationaldemokratische Partei, HP: Volkspartei

(Yazars HDP hat sich infolge des schlechten Abschneidens bei den Nachwahlen Ende November 1986 aufgelöst. Ein Teil der Abgeordneten der HDP ging zur AnaP, ein anderer zur DYP.)

Dieses neue Parteienspektrum, das genaugenommen noch um mehrere kleinere Parteien zu erweitern ist, stellte sich bei den Nachwahlen erstmals dem Votum der Wähler. Dabei hatten diese Neuwahlen für die Zusammensetzung des Parlaments keine wirkliche Bedeutung, denn es ging nur darum, elf vakant gewordene Abgeordnetensitze neu zu besetzen; gleichgültig, wie die Wahl ausging, die Mehrheit der AnaP (224 von 400 Sitzen) konnte nicht in Gefahr geraten. Das Ergebnis ist aber aufschlußreich für die Stimmung in der Bevölkerung insgesamt. Es ergibt sich das folgende Bild:

1. Die AnaP erreichte mit 32 Prozent zwar das höchste Ergebnis dieser Wahl, verlor aber im Vergleich zu 1983 (45,1 Prozent) drastisch. Die Massenbasis Özals bröckelt ab, und er wird für die nächsten Wahlen 1988 verstärkt vor dem Problem stehen, ob und wie er die neue Wirtschaftspolitik fortführen kann.

2. Links von der Mitte ist Ecevit der große Verlierer, aber auch die konkurrierende SHP unter Inönü verzeichnete mit 22,8 Prozent ein eher bescheidenes Ergebnis.

3. Sieger der Nachwahlen ist Demirel, dem mit 23,5 Prozent ein besseres Ergebnis gelang als der MDP 1983. Özals konservativ-monetaristische Politik hat also nicht zu einer Linksentwicklung bei den Betroffenen geführt, sondern zu einem Votum für eine traditionell-konservative Politik.

4. Besonders wichtig im Hinblick auf die Reislamisierungstendenzen ist jedoch die Feststellung, daß die MCP mit 2,1 Prozent und die RP mit 5,5 Prozent derzeit keinen bedeutenden politischen Faktor darstellen. Dies weist einerseits darauf hin, wie wichtig es ist, zwischen einer verbreiteten Hinwendung zum Islam, die einer eher passiven Haltung entspricht, und der Unterstützung eines aktiven islamischen Fundamentalismus zu unterscheiden. Andererseits brachte diese Wahl auch das interessante Ergebnis, daß selbst gemäßigte Islamisierungsversprechen von Teilen der Bevölkerung nicht honoriert werden: »Özal mußte wohl nebst anderem einen Preis für seine fundamentalistischen Sympathien bezahlen. Der stellvertretende Vorsitzende der Mutterlandspartei, der Fundamentalist Mehmet Kececiler, hat in den Nachwahlen eine deutliche Abfuhr erlitten. Özal hatte ihn letztes Jahr nach einem Streit zwischen laizistischen Kemalisten und Fundamentalisten in der Parteiführung auf den Schild

gehoben. Auch Bülent Ecevit, der im Wahlkampf seine Frau Rahsan mit religiösen Argumenten unterstützen wollte, bekam dafür die Rechnung präsentiert. Die Wähler haben offenbar etwa seine Erklärung, die Verschleierung der Frauen gehöre zu den Menschenrechten und dürfe in den Universitäten nicht untersagt werden, nicht goutiert.« [32]

Damit hat sich für die aktuelle Entwicklung in der Türkei gezeigt, daß nicht nur die Chancen der islamischen Fundamentalisten, sondern auch die einer Politik der Islamisierung der Öffentlichkeit ihre deutlichen Grenzen haben, auch wenn die weiteren Ereignisse bis zum Jahresende 1986 und ihre Behandlung in den türkischen Medien den Eindruck erwecken können, die Frage des islamischen Fundamentalismus sei derzeit das einzige Problem des Landes.

Die Nachwahlen im September waren kaum vorüber, als in Istanbul Mitte Oktober eine internationale islamische Konferenz stattfand; ihr Thema ›Wirtschaftliche Integration in der islamischen Welt‹ war unverfänglich, und auch daß der mit Politikverbot belegte Necmettin Erbakan dieser Konferenz präsidierte, erregte noch wenig Aufsehen. »Als Sensation wurde gewertet, daß als Konferenzredner Scheich Omar Abdul Rahman auftrat. Scheich Omar ist jener radikal-islamische Prediger aus Kairo, der mit seiner ›Fatwa‹ – einem sich auf den Koran beziehenden Freibrief – den Mördern des ägyptischen Staatspräsidenten Sadat im Vorgriff auf die Bluttat die Absolution erteilt hatte. Nach dem Attentat war Scheich Omar zwar verhaftet und angeklagt, später jedoch von den ägyptischen Behörden wieder freigelassen worden. Vor den Kongreßteilnehmern in Istanbul erklärte Scheich Omar, daß er jederzeit einen solchen Tyrannenmord wie den an Sadat wieder sanktionieren würde. Im übrigen rief er die Kongreßdelegierten dazu auf, für den Sturz der Regierungen aller Staaten zu kämpfen, die zwar eine muslimische Bevölkerungsmehrheit, aber nicht die Scharia, das koranische Gesetz, zur Grundlage hätten. Zu diesen Staaten gehört seit den Tagen Atatürks auch die Türkei. Mit der Schlagzeile ›Mitten in Istanbul: Ein Aufruf zum Putsch‹ bedachte eine türkische Zeitung diesen Appell.«[33]

Auch ansonsten waren die großen türkischen Zeitungen sich einig, daß nunmehr den Umtrieben der Fundamentalisten ein Ende gesetzt werden müsse; Schlagzeilen wie ›Die Regierung verschließt Augen und Ohren und tut nichts‹ prägten die Artikel. Weitere Enthüllungen folgten: Machenschaften in Koranschulen wurden kritisch beleuchtet, und ins Schußfeld rückte insbesondere die Staatliche Planungsorganisation (SPO). »Dort, so die Berichte, sei das wahre Zentrum des islamischen Fundamentalismus. Bewerber für einen Staatsposten im SPO würden nicht nur nach ihren fachlichen Qualifikationen, sondern vor allem nach ihrer Glaubenstreue ausgewählt: Sie müßten bei ihrer Einstellung bestimmte Gebete rezitieren und würden befragt, wie viele der vorgeschriebenen fünf Gebete am Tag sie auch tatsächlich befolgten.«[34]

In dieser Situation war es erneut Staatspräsident Evren, der in die Öffentlichkeit ging, während Ministerpräsident Özal sich zurückhielt. Evren wandte sich »gegen die Kräfte, die die Türkei zurückstoßen wollten in die Rückständigkeit«[35], und er war wohl auch die treibende Kraft, als zwei Tage nach seiner Rede vom 30. November in Ankara zwei Dutzend hohe Beamte unter dem Vorwurf, fundamentalistischen Sekten anzugehören, verhaftet wurden. Im Zuge weiterer Razzien gegen fundamentalistische Zirkel sollen insgesamt 2.414 Personen festgenommen worden sein[36]. Für weiteren Zündstoff sorgte schließlich ein Urteil des obersten Verwaltungsgerichtes vom 27. Dezember 1986, das die Universitäten dazu ermächtigt, den Studentinnen das Tragen von Kopftüchern und Schleiern zu untersagen. In Istanbul traten daraufhin vier Studentinnen in einen Hungerstreik, und auch an anderen Universitäten gab es Protestkundgebungen[37].

Die Tatsache, daß die türkischen Medien über alle diese Ereignisse ausführlich berichten, kann leicht den Eindruck entstehen lassen, der islamische Fundamentalismus sei in der Türkei auf breiter Front im Vormarsch. Man darf jedoch nicht übersehen, daß die Medien mehrheitlich ihre Berichte mit der Aufforderung verknüpfen, etwas gegen diese Tendenzen zu tun; man muß auch berücksichtigen, daß die Nachwahlen den harten Fundamentalisten wie auch Özals AnaP eine deutliche Niederlage brachten. Es gibt eine Minderheit aktiver Fundamentalisten, die zeitweilig auch Zuwachs erhalten kann; es gibt eine große Zahl von Menschen, die in einer Hinwendung zum Islam Zuflucht suchen, ohne deshalb Fundamentalisten zu sein; es gibt mehrere Parteien, die diese Entwicklung im Kampf um Wählerstimmen auszunutzen versuchen – auch ihr Kalkül ist bislang nur teilweise aufgegangen, denn auf Dauer kann die Renaissance des Islam im öffentlichen Leben kein Ersatz sein für die Lösung der wachsenden ökonomischen und sozialen Probleme großer Teile der Bevölkerung.

Die politische und ökonomische Hinwendung zur arabischen Welt

Das zunehmende Interesse am Islam in der türkischen Gesellschaft bildet eine geeignete ideologische Flankierung für die verstärkte, ökonomisch motivierte außenpolitische und außenwirtschaftliche Orientierung auf die arabischen Staaten hin, wie sie mit der Exportorientierung der Wirtschaft nach dem Putsch notwendig geworden war, sich aber bereits seit 1974 abzuzeichnen begann. Der bedeutendste außenpolitische Schritt der Türkei in diesem Zusammenhang war ihr Beitritt zur Islamischen Konferenz 1976. Demirel kommentierte damals, »zwar sei der Staat laizistisch, nicht aber die Nation; die Religion als gemeinsamer Nenner der Außenpolitik dürfe nicht als Nachteil bewertet werden.«[38] Mit dem Beitritt zur Islamischen Konferenz wurde die Türkei gleichzeitig Mitglied der Islamischen Entwicklungsbank[39].

Für traditionsbewußte Türken lebte in der Tatsache, daß die Außenministerkonferenz 1976 und auch die erste Handelsmesse der islamischen Staaten in der alten Sultan- und Kalifenstadt Istanbul und nicht in Ankara stattfand, die Führungsstellung Istanbuls innerhalb der islamischen Welt wieder auf.

Auf der 13. Außenministerkonferenz der islamischen Staaten 1982 vollzog die Türkei eine außenpolitische Annäherung in der Israel-Frage. Der türkische Außenminister stellte fest, daß Israel von der Türkei als Bedrohung des Friedens im Mittleren Osten betrachtet werde; die diplomatischen Kontakte zu Israel wurden auf ein Minimum reduziert, jedoch nicht abgebrochen. Andererseits enthielt sich die Türkei 1982 bei einer UN-Resolution gegen die israelische Annektierung der Golan-Höhen der Stimme und verärgerte damit die arabischen Staaten[40].

Diese außenpolitische Balance-Politik erklärt sich aus der Einbindung der Türkei in das westliche Bündnis und aus der ökonomischen Abhängigkeit vom Westen einerseits und dem Interesse an einer Verbesserung der politischen und ökonomischen Beziehungen mit der Dritten Welt im allgemeinen und den islamischen Staaten im besonderen. Der jüngste Schritt in diese Richtung war der Beschluß der Islamischen Weltkonferenz, auf einen gemeinsamen Markt hinzuarbeiten. Ministerpräsident Özal hat dies auf einer Pressekonferenz gewürdigt[41].

Begonnen hatte die verstärkte außenpolitische und außenwirtschaftliche Hinwendung zu den islamischen Staaten 1974, als durch die Preiserhöhungen beim Erdöl die Zahlungsbilanz der Türkei in die roten Zahlen rutschte. 1973 hatte sie noch einen Überschuß von 917 Millionen Dollar aufgewiesen, 1974 aber ergab sich ein Defizit von 428 Millionen[42]. Angesichts der starken Abhängigkeit der türkischen Wirtschaft vom Erdöl (62 Prozent des industriellen Energiebedarfs werden durch Öl gedeckt) wurde die Zusammenarbeit mit den arabischen Öllieferländern zur »realpolitischen Notwendigkeit«[43].

Es ging um die Erfüllung dreier Zielsetzungen der türkischen Wirtschaft:

1. Sicherstellung der mengenmäßigen Öleinfuhren trotz fehlender Devisen;

2. Sicherstellung langfristiger Lieferantenkredite aus den Ölländern für die türkische Ölrechnung;

3. verstärktes Bemühen um die arabischen Exportmärkte (zwecks teilweisem Ausgleich der negativen Zahlungsbilanz)[44].

Der Beitritt zur Islamischen Entwicklungsbank war einer der Schritte zur Eröffnung der arabischen Märkte. Der damalige türkische Finanzminister betonte die Bereitschaft der Türkei, in den arabischen Staaten technische und personelle Hilfe zu leisten und Investitionsgüter zu liefern.

Des weiteren wurde versucht, die 1964 begründete Regionale Entwicklungszusammenarbeit (RCD = Regional Cooperation for Development) zwischen Pakistan, Iran und der Türkei wiederzubeleben und zu reorganisieren. Auf einem Gipfeltreffen 1976 in Izmir wurden der Abbau der Zollschranken und Maßnahmen zur engen industriellen, politischen und kulturellen Zusammenarbeit beschlossen.

Daneben gab es verschiedene bilaterale Abkommen zwischen der Türkei und den islamischen Staaten; besondere Bedeutung mißt die Türkei der Zusammenarbeit mit Libyen und Irak bei.

Im März 1977 wurde das bedeutendste irakisch-türkische Projekt, die 980 Kilometer lange Pipeline Kirkuk (Irak) – Iskenderun (Türkei), fertiggestellt.

Libyen, Saudi-Arabien, Kuwait und die Arabischen Emirate bieten attraktive Märkte für Nahrungsmittel, Textilien, mittel- und langlebige Konsumgüter, die in der Türkei produziert werden. In diesen Staaten sind auch private türkische Baufirmen stark engagiert, bei denen etwa 60.000 türkische Arbeiter beschäftigt sind[45]. Der frühere Chef der ENKA-Industrieholding, die ihr Geld hauptsächlich auf Baustellen in Saudi-Arabien verdient, Kural Arikan, ist heute Finanzminister im Kabinett Özal[46].

Mit dem Militärputsch und der Umorientierung der Wirtschaftspolitik auf den Export hat die Bedeutung der OPEC-Staaten für die türkischen Ausfuhren wesentlich zugenommen. Betrugen 1979 die Exporte in die OPEC-Länder nur 9,6 Prozent der türkischen Exporte insgesamt, so stiegen sie bereits 1981 auf 34,7 Prozent des Gesamtexports[47]. Als Gegenleistung lieferten die OPEC-Länder Erdöl. Einen besonderen Aufschwung nahm dieses Tauschgeschäft aufgrund des Krieges zwischen Irak und Iran, da durch den Krieg beide Länder nicht in der Lage waren, ihre landwirtschaftliche und industrielle Produktion wie bisher aufrechtzuerhalten. Ein beträchtlicher Teil der Exportsteigerungen der türkischen Wirtschaft ist auf diesen Umstand zurückzuführen.

Die nach wie vor hohe Erdölabhängigkeit der türkischen Wirtschaft und das weiterbestehende Zahlungsbilanzdefizit werden auf türkischer Seite zu verstärkten Bemühungen führen, sich als Mitglied der islamischen Staatengemeinschaft zu präsentieren. Die stärkere Beachtung des Islam in der Innenpolitik wird deshalb auch weiterhin eine außenpolitische Bedeutung besitzen, die auf die Innenpolitik wiederum zurückwirkt.

Die grundlegende Einbindung der Türkei in das westliche System (NATO, OECD, EG-Assoziierung), wie sie sich nach dem Zweiten Weltkrieg herausgebildet hat, wird von der Öffnung zur arabischen Welt nicht in Frage gestellt; im Gegenteil gewinnt die Türkei einen erhöhten Stellenwert im westlichen Bündnis, indem sie ökonomisch und politisch, wie auch in der Planung der Militärstrategen, als Bindeglied und Brückenkopf für westlichen Einfluß im Nahen Osten dient.

Perspektiven der Reislamisierung in der Türkei

Seit der ›Islamischen Revolution‹ in Iran gab es unter Politikern und Politologen Überlegungen, ob in der Türkei ein zweiter ›Fall Iran‹ drohe[48]. Die hier dargelegten Hintergründe und aktuellen Entwicklungen der Reislamisierungstendenzen in der Türkei ergeben folgendes Bild:

Die islamischen Traditionen in Iran sind schiitischer Prägung. Die Alewiten in der Türkei bekennen sich zwar zu einer Sonderform des Schiismus, aber sie sind eine Minderheit im Lande und aufgrund ihrer Erfahrungen im Osmanischen Reich für fundamentalistische Ideen wenig anfällig; sie gelten als politisch ›links‹. Die Mehrzahl der Muslime in der Türkei ist sunnitisch. Unter den Sunniten gibt es vor allem im Umfeld des Sektenspektrums eine Basis für islamisch-fundamentalistische Gedanken, die denen der iranischen Fundamentalisten ähnlich sind. Doch gibt es in diesem Zusammenhang einen wichtigen Unterschied zwischen Schiiten und Sunniten: Im Gegensatz zu den Sunniten, denen die überlieferte Koran-Interpretation die einzig zulässige ist, »sind die Schiiten der Ansicht, der Koran sei offen für eine kreative Auslegung. Diese Einstellung gibt ihrem Glauben eine gewisse Flexibilität, und den theologischen Interpreten, den Ayatollahs, eine starke Machtposition im Leben des Volkes, weil sie die jeweiligen politischen Zustände je nach Bedarf durch ihre theologische Interpretation mitbestimmen können.«[49]

Dieser Unterschied wurde in Iran drastisch verstärkt durch die Repression des Schah-Regimes: »Schließlich waren nur noch die Mullahs in der Lage, der Unzufriedenheit des Volkes Ausdruck zu verleihen; alle anderen Möglichkeiten, öffentliche Meinungen zu äußern, hatte das Regime bzw. die Geheimpolizei unterbunden. Einer dieser Kleriker, der im Exil lebende Fundamentalist Khomeiny, wurde zum Symbol des unnachgiebigen Widerstandes gegen den verhaßten Monarchen. Unter dieser besonderen Voraussetzung gelang es Khomeiny und den Mullahs, die sich als seine Anhänger und Gefolgsleute bezeichneten, sich der Herrschaft zu bemächtigen und eine Position zu erringen, die es ihnen erlaubte, die fundamentalistischen Lehren in die Praxis umzusetzen.«[50]

Der Unterschied zur Türkei ist offenkundig: Zur Zeit des Einparteiensystems hatte Atatürk mit seinem ›laizistischen Islam‹

die islamische Geistlichkeit *(ulama)* als Staatsbedienstete weitgehend an den kemalistischen Staat gebunden. Fundamentalistische Bestrebungen, wie sie in den Sekten zum Ausdruck kamen, waren illegal. Wohl besaßen die Fundamentalisten eine nicht zu unterschätzende Anhängerschaft, aber der kemalistische Staat war in der Offensive. Mit dem Übergang zum Mehrparteiensystem begann auch eine Islamisierung der Gesellschaft, nicht als Grundlinie der Politik, sondern als Mittel, um für die Elitenziele eine ausreichende Massenbasis zu schaffen. Träger dieser Islamisierung war deshalb nicht die Geistlichkeit, sondern politische Parteien, die sich der Konkurrenz mit anderen politischen Programmen und Ideologien stellen mußten.

Mit der Krise der abhängigen Entwicklung in den siebziger Jahren entstand einerseits ein breites Heer marginalisierter Menschen, andererseits eine Dominanz der Großindustrie über die traditionelle Kleinbourgeoisie. Dies schuf die Voraussetzungen für das Entstehen einer Partei wie der MSP, die jedoch ebenfalls in Konkurrenz zu anderen Parteien stand und, wie die Auseinandersetzungen unter den islamischen Sekten zeigen, von sich nicht behaupten konnte, die einzige politische Vertreterin des islamischen Fundamentalismus zu sein. Männer wie der Vorsitzende der MSP, Necmettin Erbakan, waren Führer einer Partei, keine politischen *und* geistlichen Führer wie die Mullahs in Iran.

Zusätzlich gilt für diese Politiker, daß sie eine hohe Ausbildung genossen haben und über gründliche Kenntnisse der westlichen Kultur verfügen. Abgesehen von ihrer persönlichen religiösen Überzeugung dient ihnen der Ruf nach der Reislamisierung als machtpolitisches Instrument. Ihre politische Strategie stammt nicht aus dem Koran, sondern – ob sie wie Erbakan die Kleinbourgeoisie oder wie Özal die Großindustrie vertreten – aus der Kenntnis der ökonomischen und politischen Interessen dieser Gruppen.

Die einflußreichste dieser Gruppen in der Türkei ist heute die Großindustrie, die mit dem Putsch 1980 eine neue Wirtschaftspolitik maßgeschneidert bekam. Zugleich schlugen die Militärs und noch deutlicher die Regierung Özal eine Doppelstrategie der organisatorischen Ausschaltung und inhaltlichen Übernahme gegenüber den Fundamentalisten ein. Damit ist es der militärischen und großindustriellen Elite bislang gelungen, die

Reislamisierung sowohl unter Kontrolle zu halten als auch außen- und innenpolitisch zu instrumentalisieren.

Ein Gegenmoment bildet die zunehmende Verschlechterung der ökonomischen Lage der Bevölkerung und damit einhergehend eine Vertiefung der sozialen Probleme. Hier baut sich ein Sprengsatz auf, der mit einigen Zugeständnissen der Reislamisierung auf Dauer nicht entschärft werden kann. Zugleich hat die neue Wirtschaftspolitik den Widerspruch zwischen Exporteuren und Nichtexporteuren geschaffen, dem die neuentstandene Parteienlandschaft noch nicht ausreichend Rechnung trägt. Damit gibt es sowohl von der Massenbasis her als auch bezüglich der Eliteninteressen eine Situation, die in absehbarer Zeit das türkische Parteienspektrum kräftig durchschütteln wird. Dies bedeutet zugleich eine Austragung der Konflikte weitgehend im Rahmen des Parlamentarismus. Dies, zusammen mit den anderen genannten Punkten, macht es unwahrscheinlich, daß die Türkei ein zweiter Iran werden wird.

Wohl aber besteht eine andere Gefahr: Die fast schon Tradition gewordenen Interventionen der türkischen Militärs (1960, 1971, 1980) hatten als Grundlage ihres Erfolges den Konsens des türkischen Nationalismus. Zugleich erklärten die Militärs nach ihrem jüngsten Putsch, nunmehr so gründlich ›aufgeräumt‹ zu haben, daß das politische System auf Dauer funktionstüchtig bleibe. Die praktische Widerlegung dieser Behauptung durch eine erneute politische Krise bedürfte in der Logik der Militärs eines stärkeren äußeren Feindes, als es der ›internationale Terrorismus‹ war. Ein erneuter Appell der Militärs an die nationalen Gefühle könnte deshalb leicht in eine ›argentinische‹ Krisen-›lösung‹ umschlagen, zu Kriegsabenteuern nach außen führen. Die Zuspitzung der Situation im Nahen Osten insgesamt läßt diese Möglichkeit wahrscheinlicher werden. Die Ende 1986 in den türkischen Medien heftig debattierte Frage, ob es sinnvoll sei, die Pipeline Kirkuk (Irak)-Iskenderun (Türkei) durch eine Militärintervention nach Kirkuk vor Sabotage (durch iranische Truppen oder mit Iran verbündete Kurden) zu schützen, weist ebenfalls in diese Richtung.

Kapitel 8 Reislamisierungstendenzen unter Türken in der Bundesrepublik

Für die Reislamisierungstendenzen in der Türkei ist es charakteristisch, daß die Führungseliten fundamentalistischer Parteien sowohl mit der traditionellen türkischen als auch mit der westlichen Kultur vertraut sind. Die Massenbasis dieser Parteien jedoch besteht aus marginalisierten Menschen, die von ihren finanziellen Möglichkeiten und ihrer Ausbildung her kaum jemals die Chance hatten, sich umfassend mit einer anderen Kultur als der tradierten vertraut zu machen. Einen Eindruck vom Leben in den Industriemetropolen ergibt sich für diese Menschen bestenfalls durch die (verzerrte) Darstellung in den Medien (z. B. durch die auch in der Türkei beliebte Sendung ›Dallas‹).

Reislamisierungstendenzen unter Türken in der Bundesrepublik sind vor einem anderen Hintergrund zu sehen: Die türkischen Arbeitsemigranten leben tagtäglich in zwei Welten oder, wie der treffende Titel eines Buches heißt: »Morgens Deutschland – abends Türkei«[1]. Es ist deshalb zu erwarten, daß die Bedeutung des Islam für Arbeitsemigranten zwar von den Reislamisierungstendenzen in der Türkei mitbestimmt wird, daß jedoch die bikulturelle Situation zu Sonderentwicklungen führt, die sich deutlich von der Entwicklung im Heimatland unterscheiden. Um dieser Frage nachzugehen, wollen wir uns zunächst die Ursachen der Migration von Türken in die Bundesrepublik ins Gedächtnis rufen.

Kurzer Abriß der Migration und ihrer Ursachen[2]

Mit Beginn des ›Wirtschaftswunders‹ in der BRD der fünfziger Jahre wuchs auch der Bedarf der westdeutschen Industrie an

Arbeitskräften. Zwar gab es 1954 noch 1,4 Millionen Arbeitslose, aber ihre beständige Abnahme ließ die Industrie vermuten, daß Arbeitskraft bald eine Mangelware sein würde, und die Arbeitslosen konnten erwarten, daß auch sie in absehbarer Zeit einen ›attraktiven‹ Arbeitsplatz finden würden; deshalb blieben schlechtbezahlte, schmutzige Arbeitsplätze unbesetzt. Folgerichtig begann bereits 1952 die privatwirtschaftliche Anwerbung von Ausländern. 1954 waren es bereits 73.000 angeworbene Arbeitsemigranten. Die systematische Anwerbung begann 1955 durch den Abschluß eines Anwerbeabkommens mit Italien. Weitere Abkommen mit Spanien und Griechenland (1960), mit der Türkei (1961), Marokko (1963), Portugal (1964), Tunesien (1965) und Jugoslawien (1968) folgten. Die Anwerbung erfolgte über ›Deutsche Kommissionen‹ der Bundesanstalt für Arbeit in den Anwerbeländern. Die türkische Regierung unterstützte die Anwerbung in der Hoffnung, daß durch die Arbeitsemigranten Devisen zurückfließen würden, und um die hohe städtische Arbeitslosigkeit in Folge der Landflucht zu mildern. So war es nicht verwunderlich, daß die Kommissionen sich aus einem breiten Angebot jene Anwerbewilligen aussuchen konnten, die den Vorstellungen der westlichen Industrie entsprachen. Dabei spielte die körperliche Gesundheit ebenso eine Rolle wie bestimmte handwerkliche Fähigkeiten und Kenntnisse, was in der türkischen Industrie zum Teil zu einem verstärkten Facharbeitermangel führte[3]. Es handelte sich bei den Angeworbenen also keineswegs generell um marginalisierte Bauern aus Ostanatolien, wie dies teilweise dargestellt wird[4]. Diese einer Klischeevorstellung entsprechenden Migranten gab es zwar auch, doch der typische Werdegang eines Migranten dürfte eine Migration in Etappen sein: Er selbst oder schon seine Eltern waren vom Land in die Kreisstadt, von dort in die Großstädte (Ankara, Istanbul, Izmir ...) gezogen. Diese städtische Sozialisation liegt zwischen der ländlichen Herkunft und dem Sprung in die Bundesrepublik und prägte auch das Weltbild des Migranten im Sinne einer größeren Aufgeschlossenheit gegenüber neuen Erfahrungen. Die Wurzeln der Reislamisierung unter Türken in der BRD durch Hinweis auf die Herkunft aus ländlichen, traditionell religiösen Gebieten fassen zu wollen, entspricht deshalb in vielen Fällen nicht den Tatsachen.

Die Arbeits- und Lebensbedingungen, welche die Angeworbenen in der BRD vorfanden, waren in vieler Hinsicht entwürdigend. Hanns Thomä-Venske spricht in diesem Zusammenhang von der ›Unterschichtung‹ der Sozialstruktur durch die Immigranten, das heißt, sie nehmen hinsichtlich beruflicher Stellung, Einkommen und Wohnsituation die untersten Positionen ein[5]. Für die Arbeitsemigranten war dies zunächst dennoch ein akzeptabler Zustand, denn bis zum Ende der sechziger Jahre kamen fast alle in der Erwartung eines lediglich vorübergehenden Arbeitsaufenthaltes in die BRD. Ihr Motiv bestand in der Regel darin, in kurzer Zeit möglichst viel Geld anzusparen, um sich damit in der Heimat eine gesicherte Existenz aufbauen zu können. In Anbetracht dieser Perspektive hielt sich zunächst auch der Nachzug von nichtarbeitenden Familienangehörigen in engen Grenzen. Auch die diskriminierenden Bedingungen (Leben in fabriknahen Massenunterkünften als soziale Außenseiter), unter denen die Arbeitsemigranten von jeher in der BRD arbeiten und leben mußten, führten – da sie von den Betroffenen als vorübergehendes Übel angesehen wurden – zu keinerlei nennenswerten politischen Konflikten.

Diese kurzfristigen Rückkehrabsichten harmonisierten mit dem Konzept von deutscher Seite, daß über eine ›freiwillige Rotation‹ der ausländischen Arbeitskräfte eine Gewöhnung oder gar Integration in die Gesellschaft der BRD vermieden würde. Die Unterbringung in fabriknahen, von der Restgesellschaft abgesonderten Wohnheimen macht deutlich, daß von deutscher Seite die Integration nicht erwünscht war. Und auch der wachsende Anteil von Türken unter den Angeworbenen paßt in dieses Konzept, denn diese Menschen, aus einem anderen Kulturkreis kommend, ließen vermuten, daß bei ihnen die ›Gefahr‹ einer Integration in die deutsche Gesellschaft gering sei.

Im Verlauf der siebziger Jahre zeigte sich jedoch, daß die ›freiwillige Rotation‹ in immer geringerem Umfang funktionierte, sich im Gegenteil die Aufenthaltsdauer der ausländischen Arbeiter verlängerte. »Für eine zunehmende Zahl ausländischer Arbeiter erwies sich die Rückkehrorientierung als Rückkehrillusion. Die weitgesteckten Sparziele ließen sich angesichts der Lebenshaltungskosten und der Inflationsraten nicht kurzfristig erreichen. Viele Ausländer hatten überdies die Erfahrung gemacht und verbreitet, daß die Existenz als Kleinunternehmer in der Heimat nur geringe Produktionschancen auf Dauer bot. Aus diesen Gründen nahm die Verweildauer in der Bundesrepublik zu, die Rückwanderungsquote ab. Zugleich schwand tendenziell die Motivation zum Verzicht auf normale Lebensbedürfnisse wie Privatleben in der eigenen Wohnung, Familienleben, Konsum. In steigendem Maße verließen ausländische Arbeiter die Firmenbaracken, suchten sich Unterkünfte auf dem Wohnungsmarkt und ließen ihre Ehepartner nachkommen. Die Anwerbung der Ehepartner der in der Bundesrepublik arbeitenden Ausländer wurde sogar durch Staat und Betriebe gefördert, zum einen mit dem Ziel der sozialen Stabilisierung durch die dafür bewährte Instanz der Familie, zum anderen mit dem Ziel, die Betriebsbindung zu erhöhen und die kostenträchtigen Fluktuationsraten zu reduzieren.«[6] Selbstverständlich bedeutete dies auch den Nachzug der in der Türkei verbliebenen Kinder der Ehepaare und die Gründung neuer Familien in der Bundesrepublik. In steigendem Maße wuchs so die ›zweite Ausländergeneration‹ heran, die das Herkunftsland der Eltern zumeist nur aus der frühen Kindheit oder durch Ferienaufenthalte kennt. Diese zweite Generation war mehrheitlich in der Türkei nicht mehr zu Hause, konnte in der Bundesrepublik aufgrund täglich erfahrbarer Diskriminierung und unsicherer Zukunftsaussichten jedoch nur schwer heimisch werden.

Als Ergebnis dieses Prozesses war das Rotationsprinzip in beiderseitigem Einverständnis einem zunehmenden Daueraufenthalt gewichen, ohne daß es für diesen Zustand einen Status der Rechtssicherheit gegeben hätte. Als problematisch wurde diese Entwicklung von deutscher Seite erst gesehen, als in den siebziger Jahren sich die Entwicklung der Arbeitslosigkeit von der Konjunkturentwicklung abzukoppeln begann: Mit dem Einsetzen der Wirtschaftskrise 1973-1975 stieg die Arbeitslosigkeit in der Bundesrepublik zum erstenmal wieder über die Millionengrenze, und das Fortbestehen hoher Arbeitslosigkeit in der folgenden Aufschwungphase ließ sichtbar werden, daß die frühere Situation eines Arbeitskräftemangels nunmehr auf Jahre hinaus einer Phase des Überangebots gewichen war.

Die Behandlung dieses Problems durch Regierung und Parteien erfolgte – mit umgekehrten Vorzeichen – nach der gleichen Logik wie die Anwerbung in den Jahrzehnten davor: Die Gründe der Anwerbung waren ökonomisch gewesen; nun jedoch hatte der Mohr seine ökonomische Schuldigkeit getan, er konnte gehen. Daß mit der Anwerbung auch soziale Tatsachen geschaffen worden waren, daß man Arbeitskräfte gerufen hatte, aber Menschen gekommen waren (Max Frisch), wurde weitgehend übersehen.

1973 wurde als erstes ein Anwerbestopp verfügt. Hinzu kam als arbeitsmarktpolitische Maßnahme das Inländerprimat (ein hier lebender Ausländer erhält erst dann einen Arbeitsplatz, wenn sich dafür kein deutscher Arbeitssuchender findet). Gerade für die Türken als Nicht-EG-Ausländer wirkte sich dies drastisch aus: Sie waren weit überdurchschnittlich von der steigenden Arbeitslosigkeit betroffen, mußten aber bei der Inanspruchnahme von Arbeitslosenunterstützung oder gar Sozialhilfe damit rechnen, nach dem Ausländergesetz die Aufenthaltsberechtigung zu verlieren. Als staatlicherseits erwünschte Folge dieser Politik ging die Zahl der Ausländer in der BRD von rund zwei Millionen 1973 (darunter 600.000 Türken) bis 1978 um rund 650.000 zurück. Hauptsächlich durch den Nachzug von Familienangehörigen stieg diese Zahl bis Anfang der achtziger Jahre wieder auf den Stand von 1974 an. Der Nachzug von Familienangehörigen drückt deutlich den Wunsch der verbliebenen Ausländer nach einem weiteren Daueraufenthalt in der Bundesrepublik aus.

Als Reaktion auf den zunehmenden Daueraufenthalt vor allem der türkischen Familien entstand zu Beginn der achtziger Jahre ein grundlegender Wandel in der Ausländerpolitik. Die bislang bewußt vermiedene Forderung nach ›Integration‹ wurde zum Zentralthema. Immer deutlicher wurden vor allem türkische Familien (aufgrund der besonderen kulturellen Unterschiede) vor die Wahl gestellt, entweder zurückzukehren oder sich zu ›integrieren‹. Die Forderung der Politiker nach Integration meint in diesem Zusammenhang jedoch fast immer die grundsätzliche Preisgabe der eigenen Identität, um Deutsche zu werden. In seiner Regierungserklärung vom 13.10.1981 stellte der damalige Berliner Regierende Bürgermeister von Weizsäcker fest:

»Nach Auffassung des Senats müssen unsere ausländischen Mitbürger auf die Dauer zwischen zwei Möglichkeiten wählen:

– entweder Rückkehr in ihre alte Heimat; hierzu wird der Senat materielle Anreize und Hilfestellungen geben;
– oder Verbleib in Berlin; dies schließt die Entscheidung, auf Dauer Deutsche zu werden, ein.

Keine Dauerlösung ist dagegen der dritte Weg: nämlich hierzubleiben, aber nicht und nie Berliner werden zu wollen.«[7]

Im selben Jahr erklärte das Baden-Württembergische Innenministerium: »Integration erfordert also – je nach Herkunftsland unterschiedlich – von den Ausländern die Bereitschaft, Teile der eigenen kulturellen und religiösen Identität aufzugeben.«[8]

Es geht also nicht um die Forderung nach Integration als äußerliche Anpassung an die fremde Gesellschaft; es wird vielmehr die undurchführbare Forderung nach Preisgabe der eigenen Identität gestellt: »Die … notwendige soziale Anpassung kann der Wanderer bis zu einem gewissen Grade instrumentell betreiben, indem er sich bewußt in der Handhabung der sozialen Techniken übt. Anders ist dies mit der Ich-Identität als Kernstück der kulturellen Anpassung. Ihr gegenüber kann das Individuum keinen unabhängigen Standort wählen, der einen distanzierten Umgang mit ihr erlauben würde, weil sie selbst der letzte und nicht mehr transzendierbare Bezugspunkt jedes menschlichen Handelns überhaupt ist.«[9]

Wo immer in der Geschichte ein Wandel der kulturellen und religiösen Identität gesellschaftlicher Gruppen stattgefunden hat, geschah dies nicht auf Beschluß der Betroffenen, sondern als allmähliche Reaktion auf gesellschaftlichen Wandel. Identitätsfindung ist kein Akt intellektueller Einsicht, sondern sozialer Erfahrung, insbesondere der Erfahrung, mit einer neuen, gewandelten Identität auch für die Zukunft ein Gefühl der Sicherheit und Stabilität erwarten zu dürfen. Die unsichere Zukunftsperspektive der Ausländer in der Bundesrepublik steht dem diametral entgegen und führt zu Versuchen, sich der eigenen Identität, die durch den Integrationszwang bedroht wird, zu versichern. Damit ist auch der Nährboden bereitet für die Ausnutzung der Verunsicherung durch islamische Fundamentalisten unter den Türken in der Bundesrepublik.

Organisatorische Strukturen und politische Praxis der islamischen Fundamentalisten in der Bundesrepublik

Seit Mitte der siebziger Jahre begannen islamisch-fundamentalistische Organisationen sich in der Bundesrepublik verstärkt zu etablieren. Neben der MSP, die hier unter dem Namen ›Organisation der Nationalen Sicht‹ gegründet wurde, und ihren Jugendorganisationen haben die Nurculuk-Bewegung und die Süleymancılık-Bewegung, die in der Türkei wie alle Orden offiziell verboten sind, einen großen Teil ihrer Aktivitäten in die Bundesrepublik verlagert. Auch die MHP versucht, mittels religiöser Propaganda die türkischen Arbeitsemigranten für ihre Ziele zu gewinnen [10].

Die Organisationen der MSP und der MHP konzentrieren sich in der Bundesrepublik in ihrer Arbeit verstärkt auf die kulturellen und religiösen Aspekte, »weil sie in diesem Bereich geringeren Beschränkungen durch das Ausländergesetz unterworfen sind als im politischen Bereich« [11]. Außerdem erhalten ›kulturelle‹ und ›religiöse‹ Veranstaltungen leichter die Genehmigung und Unterstützung seitens deutscher Institutionen. Die MHP versteckt sich teilweise erfolgreich hinter Vereinsnamen wie Kultur-, Idealisten-, Beistandsverein, Nationaler Ideenverein, Islamischer Verein (Stuttgart), Verein zum Aufbau und zur Förderung der ... Moschee (z. B. in Frankfurt). Ihre europäische Dachorganisation, zu der in der BRD etwa 110 Zweigorganisationen gehören, nennt sich ›Föderation der demokratisch-idealistischen Türkenvereine in Europa‹. Als Kulturveranstaltung getarnt, konnte die MHP beispielsweise im Oktober 1978 eine Veranstaltung mit ihrem Führer Türkeş durchführen, zu der 10.000 Teilnehmer kamen [12].

Auch bei den der MSP nahestehenden Vereinen wird vor allem der religiöse Charakter unterstrichen: ›Islamisches Zentrum‹, ›Islamische Union‹, ›Islamischer Kulturverein‹ etc. sind typische Namen. 126 dieser Vereine sind in der ›Türkischen Union in Europa‹ zusammengeschlossen. Dieser Dachorganisation angegliedert ist die ›Union der islamischen Jugend in Europa‹. Die MSP-Organisationen arbeiten politisch teilweise mit der MHP zusammen. Zur Zeit der Regierungen der Nationalen Front in der Türkei (1974-1977), an denen auch MSP und MHP beteiligt waren, wurde der Aufbau beider Parteien in der Bundesrepublik seitens der türkischen Konsulate massiv gefördert[13].

Besondere Verbreitung in der Bundesrepublik hat die Süleymancılık-Bewegung gefunden. Sie ist in den ›Islamischen Kulturzentren‹ organisiert, die seit dem Frühjahr 1979 »in der Bundesrepublik einen bedeutenden ausländerpolitischen Faktor darstellen«[14]. Nach Aussagen des Vertreters des Islamischen Weltkongresses in Bonn ist die vom Islamischen Kulturzentrum Köln geleitete Süleymancılık-Bewegung der »weitaus größte islamische Gemeindeverband in der Bundesrepublik. ... Mit 134 Gemeinden und mehr als 160 Predigtstätten oder Moscheen organisiert sie nahezu sechzig Prozent aller religiösen moslemischen Vereinigungen im Bundesgebiet«[15].

Die Süleymancılık-Bewegung macht sich bei ihrer Strategie in der Bundesrepublik die weitgehende Unkenntnis der türkischen Sprache bei deutschen Stellen zunutze; in ihren deutschen Verlautbarungen betont sie »ihren Integrationswillen, die Bereitschaft zu einer ›partnerschaftlichen Zusammenarbeit mit den staatlichen Instanzen‹ und die Anerkennung der Verfassung der Bundesrepublik«[16]. In ihren türkisch-sprachigen Publikationen bezieht sie islamisch-fundamentalistische und rechtsextremistische Positionen. So erklärte der Hauptimam der Islamischen Kulturzentren, Tüyloglu, am 14. Juni 1979 in Recklinghausen: »Ich werde so lange kämpfen, bis es von Zypern bis Oslo überall Koranschulen und Moscheen gibt und die türkischen Fahnen wehen.«[17] Die Vorstellungen der Islamischen Kulturzentren von ›Verständigung‹ werden deutlich in folgendem Zitat: »Wer uns nicht glaubt, ist ein Feind der muslimischen türkischen Nation. Ich werde all diese Menschen mit der Wurzel ausrotten. Ich zeige euch die Leute, die unsere Gegner sind, die die Welt zerstören. Mit Allah gehen wir zu ihnen und vernichten sie. Ihr wißt, was ihr zu tun habt.«[18] (Siehe dazu auch die Zitate aus *Anadolu,* dem Sprachrohr der Süleymancılar in der Bundesrepublik, Seite 43).

Ein Beispiel für den Erfolg der Tarnungsstrategie der Islamischen Kulturzentren bietet die Überweisung einer beträchtlichen Geldsumme an das IKZ Köln durch den Kölner Erzbischof Kardinal Höffner; als Motiv nannte er: »... aus Hilfsbereitschaft den

Moslems gegenüber und zur Förderung der Verständigung zwischen Christen und Moslems«[19].

Kurzfristiges Ziel der Islamischen Kulturzentren ist die Anerkennung als Körperschaft des öffentlichen Rechts, die am 1.3.1979 von der Kölner Zentrale beim Kultusministerium in Düsseldorf beantragt wurde. Mit dieser Anerkennung hätten die Kulturzentren das Recht, Steuern zu erheben, öffentlich anerkannte Urkunden im familien- und privatrechtlichen Bereich auszustellen, die Erteilung von islamischem Religionsunterricht an den Schulen zu fordern, Vertreter in gesellschaftliche und politische Gremien zu entsenden, Repräsentation in den Massenmedien zu verlangen. Die Folge einer solchen Anerkennung wäre, »daß eine einzelne islamische Sekte, die zwar einen hohen Organisationsgrad besitzt, zu der aber nur ein geringer Teil der türkischen Moslems gehört, zum Vertreter aller Moslems in der Bundesrepublik gemacht würde. (Nur vier Prozent der 1,5 Millionen Moslems in der Bundesrepublik sind eingetragene Mitglieder in islamischen Gemeinden und Vereinen).«[20]

Eine klare Unterscheidung zwischen den einzelnen Gruppierungen der islamischen Fundamentalisten in der Bundesrepublik ist nur schwer zu treffen. Bei graduellen Abstufungen, unterschiedlichen Vorstellungen von der Umsetzung ihrer Ideologien in politische Aktionen und dem personalpolitischen Streit, unter wessen Führung alles geschehen soll, vertreten sie gemeinsam folgende Inhalte:

»Sie betrachten sich als Kader und Speerspitze zur Veränderung der politischen Verhältnisse in der Heimat – im Sinne der Schaffung einer ›Islamischen Republik Türkei‹.«[21] Sie wenden sich gegen jede Form der Integration und damit ›Verwestlichung‹ der Muslime. Dies betrifft insbesondere den Bereich der Erziehung, die Stellung der Frau und die Sexualmoral. So heißt es in einem Flugblatt des Vereins zur Förderung der Hagia-Sophia-Moschee in Berlin unter der Überschrift »Aufruf an die Welt des Islam – Erwacht!«:

»Ein Bildungssystem, das eine unmoralische Weltanschauung des Westens beinhaltet, zwingt uns bedauerlicherweise, gegen unseren Willen unsere Kinder zur Schule zu schicken. Ungläubig erzogene Moslemkinder haben wir dann als Endprodukt. Moslemkinder, die deutsche Schulen besuchen, werden nicht nur eltern- und heimatfeindlich, sondern stehen auch unter einem der schlechtesten Einflüsse und neigen zu ethisch minderwertigen Gewohnheiten. Beispiel: Schüler und Schülerinnen dürfen in den Schulen rauchen und Alkohol genießen. Sie können leicht drogenabhängig werden. Lehrer- und Schülerkontakte sind vergleichbar mit Inhalten billiger Sexfilme.«[22]

Über die Stellung der Frau heißt es in einem Aufruf an die ›Muslimischen Schwestern‹, herausgegeben vom Islamischen Jugendverein in Europa, Zweigstelle Berlin (MSP-Organisation) im April 1980: »Du wurdest jahrelang zur Dienerin des Imperialismus, vom Edelstein zum Stein gemacht. Mit der Krankheit der Nachahmung, mit der Modekrankheit wurdest du einer affenähnlichen Nation angepaßt. Es ist nun die Zeit gekommen, daß man diese unmoralischen Ziele stoppt. ... Erkenne diejenigen, die dich von deinen Eigenschaften durch Zivilisation und Revolutionsgerede entfernen wollen. Dein größter Schlag gegen den Laizismus des unmoralischen Ausbeutungssystems ist dein islamischer Schleier. Dein islamischer Schleier wird das laizistische System an seinen Wurzeln erschüttern.«[23]

Zur Propagierung ihrer Ideologien führen die verschiedenen Organisationen auch Korankurse durch, die wie die anderen Aktivitäten der Vereine durch Teilnehmerbeiträge, freiwillige und unfreiwillige Spenden und auch finanzielle Zuwendungen seitens islamischer Staaten wie Saudi-Arabien und Libyen finanziert werden[24]. Über die Zahl der türkischen Kinder, die einen Korankurs besuchen, können keine präzisen Angaben gemacht werden. Der Verband der türkischen Lehrer in Nordrhein-Westfalen geht von siebzig bis achtzig Prozent der Grundschüler aus[25]. Auch wenn diese Zahl für den Bundesdurchschnitt zu hoch angesetzt sein dürfte, ist hier ein Umfang der politischen Einflußnahme islamischer Fundamentalisten deutlich, der erschreckt.

Neben den eher ›religiösen‹ Aktivitäten der verschiedenen Organisationen finden sich immer wieder auch offen politische Aktionen. Diese reichen von Demonstrationen, Überfällen auf Flugblattverteiler linker türkischer und kurdischer Organisationen über Einschüchterungen in Wohnheimen türkischer Arbeiter bis zu Drohungen und Mord. So wurde in Berlin mit der Parole »Wer uns im Weg steht, muß getötet werden – wer Allah liebt, muß zuschlagen« eine Gruppe von Mitgliedern des ›Türkischen Demokratischen Arbeitervereins‹, die Flugblätter gegen den drohenden Militärputsch in der Türkei verteilten, von einer Schlägertruppe, die aus der Mevlana-Moschee (MSP) kam, angegriffen. Dabei wurde Celalettin Kesim, Lehrer und Mitglied der IG Metall, erstochen[26].

Sicher sind es nicht derartige Taten, die unter Türken in der Bundesrepublik die Bereitschaft wachsen lassen, ihre Kinder in Korankurse zu schicken oder sich einer fundamentalistischen Moschee anzuschließen. Im Gegenteil wäre es für viele türkische Eltern wünschenswert, wenn ihre Kinder eine religiöse Unterweisung erhielten, die weniger doktrinär und reaktionär sein sollte als die Korankurse der Fundamentalisten. Der Wunsch hiernach wird immer wieder geäußert, aber bislang besitzen die islamischen Fundamentalisten beinahe ein Monopol für die Unterweisung im Koran in der Bundesrepublik. Andererseits zeigt die Tatsache, daß häufig trotz Kritik an Form und Inhalt der Kurse die Kinder zum Besuch angehalten werden, daß die traditionelle Religion für viele Türken in der Bundesrepublik an Bedeutung gewonnen hat. Um die Hintergründe dieser Reislamisierungstendenzen in der BRD soll es im folgenden gehen, genauer gesagt, um den Zusammenhang von Integrationszwang und Reislamisierung.

Faktoren der Reislamisierung unter Türken in der Bundesrepublik

Im ersten, die Türkei betreffenden Teil dieser Arbeit haben wir dargestellt, wie das Faktorenbündel von ökonomischer und sozialer Verelendung bzw. Marginalisierung im Zusammenhang mit der ideologisch-religiösen Situation der Betroffenen den Unterschied zwischen rückwärtsgewandter und fortschrittlicher Ideologie ausmacht. Allgemein gesehen gilt dies sicher auch für die Türken in der Bundesrepublik, wobei hier häufig die ökonomischen, sozialen und ideologisch-religiösen Komponenten unter dem Begriff ›Kulturschock‹ subsumiert werden. Die Türkei wird dabei als geschlossener Kulturkreis dargestellt, aus dem die Arbeitsemigranten in den grundsätzlich verschiedenen Kulturkreis der Bundesrepublik geraten. Diese Darstellung unterschlägt zwar die ökonomische, soziale und ideologisch-religiöse Heterogenität innerhalb der Türkei, die sich auch unter den Arbeitsemigranten widerspiegelt, trifft aber insofern tatsächlich zu, als die Migration aus dem Entwicklungsland Türkei in das Industrieland Bundesrepublik alle Faktoren im Sinne einer Marginalisierung beeinflußt: Die Türken in der Bundesrepublik sind ökonomisch gesehen am schlechtesten entlohnt, am stärksten von Arbeitslosigkeit betroffen, sozial diskriminiert, und ihre ideologisch-religiöse Identität wird nicht oder nur als minderwertig anerkannt. Insofern ist es berechtigt, den allgemeinen Begriff des Kulturschocks zu verwenden, wo es um die Darstellung der Situation der türkischen Migranten im allgemeinen geht.

Während der Begriff einen objektiven Tatbestand umschreibt, ist jedoch zugleich festzustellen, daß dieser Kulturschock subjektiv von den Betroffenen sehr unterschiedlich erfahren werden kann. Wie bedrohlich er empfunden wird, hängt dabei neben der Sozialisation in der Türkei in erster Linie davon ab, unter welcher Perspektive sich die Arbeitsemigranten in der Bundesrepublik aufhalten: Die Hoffnung auf rasche Rückkehr bei den ersten Migranten machte ihnen die Situation hierzulande erträglich, denn so sehr sie hier Unterschicht waren, so sehr bestand doch die Hoffnung, daß eine Zukunft des sozialen Aufstiegs als Rückkehrer in der türkischen Gesellschaft folgen würde. Diese subjektive Erträglichkeit des Kulturschocks schwand jedoch mit der Zerstörung der Rückkehrillusion. Es entstand damit eine gespaltene Situation:

— Einerseits war die Rückkehr aktuell nicht möglich, und es entstand der Wunsch, sich für einen längeren Aufenthalt in dem fremden Land häuslicher einzurichten;
— andererseits führte gerade der Kulturschock zu dem Wunsch, eines Tages in die vertraute Heimat zurückzukehren. Das aber ist nur möglich bei Beibehaltung der türkischen Identität.

Schon der hierzulande übliche Begriff des ›Gastarbeiters‹ verweist auf diese problematische Situation. »Aus der Geschichte der Einwanderer in Nordamerika, Brasilien, Australien usw. wissen wir, daß die Sozialisation denen am schwersten fiel, die — wie die türkischen Gastarbeiter in Deutschland — den größten soziokulturellen Abstand zur Aufnahmegesellschaft hatten. Schwieriger noch als die Situation der Auswanderer ist die Situation des Gastarbeiters. Der Auswanderer wechselt von einer Gesellschaft zur anderen in der Regel endgültig. Dagegen weiß der Gastarbeiter nicht, ob er überhaupt wechselt; er liegt mit seinem Status zwischen dem Touristen und dem Auswanderer.«[27]

Diese gespaltene Situation trifft nun auf eine deutsche Gesellschaft, die die Arbeitsemigranten selbst gerufen hatte, ihren Verbleib beförderte, ohne als Anwerbekriterium den ›Willen zur Integration‹ vorauszusetzen, die aber nun von den Migranten die Preisgabe der türkischen Identität fordert. Dieser wachsende Integrationsdruck führt auf türkischer Seite zu dem Bemühen, sich verstärkt der eigenen Identität zu versichern. »Wir haben z. B. mit mehreren Frauen gesprochen, die nach ihrer Ankunft in der Bundesrepublik die Kleidung trugen, die sie auch schon in der türkischen Großstadt getragen hatten, nämlich weite Röcke oder enge Hosen. Erst nach einigen Jahren übernahmen sie hier die auch von ihnen selbst als ›typisch türkisch‹ verstandene Kleidung – Kopftuch und weite Hose unter dem Rock –, um Zugehörigkeit und Identität demonstrieren zu können. Die gleiche Kleidung hätten sie in Ankara oder Istanbul als rückständig oder als Symbol der Unterdrückung abgelehnt. Die Einschränkungen und Deprivationen, die sie im Zuge des Deutschlandaufenthalts erfahren hatten, ließen diese Motive aber gegenüber dem Wunsch, Identität symbolisch auszudrücken, in den Hintergrund treten.«[28]

In diesem Zusammenhang ist es besonders interessant, »daß angesichts des auf sie einstürmenden Identitätskonflikts in der Fremde … manche Türken, die als ›Atheisten‹ in die Bundesrepublik gekommen waren, erst hier zu praktizierenden Muslimen wurden – so wie sie sich auch auf andere nationale Traditionen besannen. Das geschah angesichts mangelnder Anleitung zur Identitätsbildung leider bisher mehr im Rückzug denn als Ergebnis eines Prozesses produktiver Auseinandersetzung.«[29] Denn produktive Auseinandersetzung mit der Wirklichkeit, wie sie die Arbeitsemigranten in der Bundesrepublik vorfinden, hätte zur Voraussetzung eine (nicht nur verbale) Achtung vor der türkischen Kultur und den sozialen und kulturellen Interessen der Türken in der Bundesrepublik. Die Behandlung der Arbeitsemigranten als ökonomische Manövriermasse steht dem im Wege; ebenso die Jahrhunderte alte Vorurteilstradition des

›christlichen Abendlandes‹ von der Überlegenheit seiner Kultur und der Minderwertigkeit des Islam als Religion.

Da bislang eine positive Entwicklung in diese Richtung nicht abzusehen ist, wird auch weiterhin der Rückzug auf tatsächliche und vermeintliche nationale und religiöse Traditionen für viele Türken der einzige ›Ausweg‹ bleiben. Damit wächst auch der Druck auf jene in der Bundesrepublik lebenden Türken, die als schwächste Glieder die Hauptlast des Emigrantendaseins tragen müssen: Gerade weil die Reislamisierung ein Rückzug und keine produktive Auseinandersetzung ist, verstärkt sich die Unterdrückung der Frau, und die Kinder werden autoritärer als in der Türkei erzogen, um sie vor einer deutschen Identitätsbildung zu ›bewahren‹. So kann man feststellen, »daß die türkischen Arbeitnehmer durch die Bedingungen ihrer beruflichen Situation in Deutschland eher in ihren traditionellen Erziehungszielen bestärkt werden, als daß eine Umorientierung in Richtung auf eine flexiblere Ausrichtung an der Persönlichkeitsentwicklung des Kindes zu erwarten ist und Selbstverantwortung gegenüber Gehorsam als Erziehungsziel an Bedeutung gewinnt«[30].

Dabei ist insbesondere festzustellen, daß Verhaltensweisen, die hier in der Bundesrepublik als typisch türkisch erscheinen, in der Türkei längst der Vergangenheit angehören, zum Teil sogar völlig unbekannt sind: »Es gibt in Bielefeld einen Teil der türkischen Frauen, ich schätze ihn auf zwanzig bis dreißig Prozent, der nur zu Hause arbeitet. Sie sind soweit eingeschränkt auf den Kontakt mit ihren Familienmitgliedern, daß sie nicht einmal in Läden zum Einkaufen gehen. Hier sieht man diese Frauen nie. Erst in der Türkei konnte ich solche Frauen kennenlernen. Sie waren krank aus Deutschland zurückgekehrt. Dieses isolierte Leben hier ist nicht kulturtypisch, wie man oft annimmt. Es ist gegenüber dem Leben, das diese Frauen in der Türkei hatten, meist eine einschränkende Änderung. Im Dorf wird die Arbeit teilweise von Frauen gemeinschaftlich verrichtet. Nach der Arbeit finden sich Männer und Frauen zum Gespräch auf der Veranda vor dem Haus. Die Isolation der Frauen als Ausdruck vorgeblich islamischer Moralstrenge ist eine Neuerung für diese Frauen, die gerade hier in der Immigration zur Norm erhoben wird. Was dieses isolierte Dasein für die Frauen bedeutet, kann man sich ausmalen, aber wir sollten auch im Auge behalten, was die Folgen für die Familiendynamik und insbesondere die Kinder sind.«[31]

Diese Situation ihrerseits schafft einen Nährboden für die Aktivitäten islamischer Fundamentalisten, der fruchtbarer ist als in der Türkei selbst. Hier finden islamische Sekten ein Betätigungsfeld, von dem sie in der Türkei nur träumen können: »Was sich als Terror gegen Einzelpersonen darstellt, ist Bestandteil einer umfassenden Strategie türkischer Rechtsextremisten. Deutlich wird dies an einem Vorfall, der sich gegen die Arbeiterwohlfahrt, ... aber auch gegen die Sozialabteilung der Bezirksämter und gegen Familiengerichte (in Berlin/d. Verf.) wendete. Der Arbeiterwohlfahrt wurde anonym ein Flugblatt zugeschickt, verfaßt von der Hagia-Sophia-Moschee in Berlin-Moabit. Die Arbeiterwohlfahrt wird darin beschuldigt, Mädchen von ihren Eltern zu entfernen und in Heimen unterzubringen, die Brutnester für Prostitution, Heroinhöhlen und Herbergen für Lesbierinnen seien. ... Hintergrund sind die sich ständig verschärfenden Spannungen in türkischen Emigranten-Familien. Die hier aufgewachsenen Töchter ertragen die Konflikte zwischen deutscher und türkischer Kultur nicht mehr. Sie sehen sich in der Schule Anforderungen gegenüber, die im Gegensatz zu denen ihrer Eltern an sie stehen. Viele türkische Mädchen möchten von zu Hause weggehen, oft nachdem sie mißhandelt wurden und sogar Selbstmord versucht hatten. In Beratungsstellen hat man den Eindruck, daß die Zahl geschlagener Töchter und Ehefrauen ständig zunimmt. Ursache ist das Leben der Frauen und Männer als Außenseiter in zwei Kulturen und zwischen zwei Kulturen; ihr Dasein als diskriminierte Minderheit, der eine Identität geraubt wurde und die als Arbeitskräftereserve ihre Zukunft nicht planen kann.«[32]

Das heißt auch: Solange von deutscher Seite den in der Bundesrepublik lebenden Türken nur die Wahl gelassen wird, sich zu ›integrieren‹ oder zu gehen, eine Entscheidung, die den Betroffenen als Wahl zwischen Pest und Cholera erscheinen muß, trägt die deutsche Gesellschaft Mitverantwortung für die Gewalttätigkeiten einer extremen Reislamisierung. Insofern sollte dieses Thema keineswegs nur Gegenstand akademischen Interesses sein.

Kapitel 9
Reislamisierung und Modernisierung
Eine entwicklungspolitische Schlußbetrachtung

Hans Henles Standardwerk *Der neue Nahe Osten* faßte 1971 die Rolle des Islam in dem Schlußsatz zusammen: »Der Islam gleicht heute mehr und mehr der orthodoxen Kirche im vorrevolutionären Rußland – eine Mumie in pittoresken Gewändern.«[1] Entgegen dieser damals weitverbreiteten Auffassung erwies sich wenige Jahre später die ›Mumie‹ als erstaunlich lebendig. Das Erstaunen und Erschrecken, das die ›Islamische Revolution‹ in Iran in den westlichen Industrieländern auslöste, bezog sich folgerichtig insbesondere auf die Tatsache, daß ›so etwas‹ in der heutigen Zeit überhaupt noch möglich sei. Wir wollen in diesem Schlußkapitel am Beispiel der Türkei zusammenfassend die großen Linien verfolgen, die diesen Wandel im Nahen Osten, aber auch die Hintergründe und Ursachen des Erstaunens und Erschreckens in den Metropolen verständlich machen.

I.

In seinem religionskritischen Aufsatz *Die Zukunft einer Illusion* schrieb Sigmund Freud: »Der wissenschaftliche Geist erzeugt eine bestimmte Art, wie man sich zu den Dingen dieser Welt einstellt; vor den Dingen der Religion macht er eine Weile halt, zaudert, endlich tritt er auch hier über die Schwelle. In diesem Prozeß gibt es keine Aufhaltung, je mehr Menschen die Schätze unseres Wissens zugänglich werden, desto mehr verbreitet sich der Abfall vom religiösen Glauben, zuerst nur von den veralteten, anstößigen Einkleidungen desselben, dann aber auch von seinen fundamentalen Voraussetzungen.«[2] Freuds Überzeugung, aus der Sicht des Psychoanalytikers geschrieben, entspricht in ihrer grundsätzlich religionskritischen und zugleich wissenschaftsoptimistischen Haltung der marxistischen Sichtweise, daß

Religion ›Opium des Volkes‹ sei und mit dem gesellschaftlichen sowie wissenschaftlichen Fortschritt für die Menschen ihre Bedeutung verliere. Die Kritik der Religion, schreibt Marx, »hat die imaginären Blumen an der Kette zerpflückt, nicht damit der Mensch die phantasielose, trostlose Kette trage, sondern damit er die Kette abwerfe und die lebendige Blume breche. Die Kritik der Religion enttäuscht den Menschen, damit er denke, handle, seine Wirklichkeit gestalte wie ein enttäuschter, zu Verstand gekommener Mensch, damit er sich um sich selbst und damit um seine wirkliche Sonne bewege. Die Religion ist nur die illusorische Sonne, die sich um den Menschen bewegt, solange er sich nicht um sich selbst bewegt.«[3]

Bezeichnend für Marx' und Freuds Verständnis ist der desillusionierende Charakter der Religionskritik, die den Menschen enttäuscht, ihn jedoch ein Mehr an Wissen und Verstand und damit an aktiver Lebensbewältigung gewinnen lasse. Dieser Zugewinn wird generell als höher und für die Betroffenen attraktiver eingestuft als die damit verbundene Enttäuschung. Gerade dies ist der Grund, warum es »in diesem Prozeß keine Aufhaltung« gäbe, warum Verstand und Wissenschaft über die Religion zu siegen vermöge.

Diese Überzeugung vom Sieg der Wissenschaft kraft der Autorität des Verstandes steht in der Tradition der Aufklärung, als deren Fortsetzer sich sowohl Marx als auch Freud begriffen. Eine Schnittstelle, an der Marx wie Freud den aufgeklärten bürgerlichen Standpunkt überschreiten, ist dabei der Übergang von der Kritik religiöser Auswüchse zur grundsätzlichen Religionskritik. Denn dem aufgeklärten bürgerlichen Standpunkt ist im Normalfall nicht die Religion an sich von Übel, wohl aber deren »veraltete, anstößige Einkleidung«. Die Tatsache, daß der umfassende, Gesellschaft und Staat durchdringende Anspruch der bisherigen Religion der Entwicklung der bürgerlichen Gesellschaft hemmend entgegensteht, ist Gegenstand der bürgerlichen Kritik; zugleich jedoch erhält die neue, die »staatsbürgerliche Religion«, wie sie Rousseau nannte, eine gewandelte Funktion: Sie soll den Bürger zur Loyalität gegenüber dem Staat und zu seinen Pflichten als Bürger anhalten, ist ansonsten aber Privatangelegenheit. Besonders prägnant hat diesen Standpunkt Jean-Jacques Rousseau in seinem *Du Contrat Social* zusammengefaßt: »Für den Staat ist es allerdings von großer Wichtigkeit, daß sich jeder

Staatsbürger zu einer Religion bekennt, die ihn seine Pflichten liebgewinnen läßt. Die Glaubenssätze dieser Religion gehen dagegen den Staat und dessen Glieder nur insofern etwas an, als sie die Moral und die Pflichten betreffen, die derjenige, der sich zu ihnen bekennt, gegenüber seinem Nächsten zu erfüllen hat. Sonst kann jeder glauben, was er will, ohne daß dem Souverän das Recht zusteht, sich danach zu erkundigen ...«[4] Die Säkularisierung des Staatswesens, aber auch die Kontrolle des Staates über die Religion, sofern es die Einhaltung staatsbürgerlicher Pflichten betrifft, sind damit vorgezeichnet.

Zugleich führt die Einbindung und Instrumentalisierung der Religion in die von Verstand und Wissenschaft geprägte bürgerliche Gesellschaft, führt die Kritik ihrer »veralteten, anstößigen Einkleidung« ebenfalls zur Desillusionierung und Enttäuschung der Betroffenen. Dies insbesondere, da die Volksreligion – im Gegensatz zur elaborierten Theologie der religiösen Eliten – nicht einen Kern und eine eher nebensächliche Einkleidung besitzt, sondern den Gläubigen in all ihren Facetten als integrales System zur täglichen Lebensbewältigung erscheint. Auch der aufgeklärte bürgerliche Standpunkt geht deshalb von der Überzeugung aus, daß die Vorzüge der bürgerlichen Gesellschaft mit ihrer »staatsbürgerlichen Religion« die Enttäuschung und Desillusionierung überwiegen und aufzufangen verstehen. Aufklärung und damit auch Abbau veralteter religiöser Vorstellungen, erst einmal begonnen, werden deshalb als unumkehrbarer Prozeß verstanden.

II.

Dieser bürgerliche Standpunkt, der nicht die Religion an sich in Frage stellt, aber die Gesellschaft und damit die Religion zu modernisieren wünscht, war ein Grundelement des westlichen Fortschrittsdenkens, in dessen Tradition auch die aufstrebenden neuen Führungseliten des Osmanischen Reiches erzogen wurden. Der innere Verfall des Imperiums und seine wachsende Durchdringung durch die sich industrialisierenden Staaten Westeuropas im letzten Jahrhundert schufen ein breites Spektrum an Ideen, wie dem Verfall Einhalt geboten und der Vorsprung der Metropolen eingeholt werden könnte.

Eine der wichtigsten dieser Geistesströmungen ist mit den Namen von Jamal ad-Din al-Afghani (1838-1899) und Muhammad Abduh (1849-1905) verbunden. Sie sahen die Hauptgründe für den Niedergang der islamischen Welt gegenüber den europäischen Metropolen in der Verkrustung und Erstarrung der ursprünglichen islamischen Lehre und ihrer Institutionen. Eine aufgeklärte, wissenschaftliche Einstellung, wie sie dem lebendigen Islam zu eigen sei, würde durch diese Verkrustung verhindert. Al-Afghani schrieb: »Die Wahrheit ist beweisbar, und jene, die Wissenschaft und Kenntnis in der Überzeugung verbieten, sie seien die Garanten der islamischen Religion, sind in Wirklichkeit die Feinde dieser Religion. Die islamische Religion steht von allen Religionen der Wissenschaft und der Kenntnis am nächsten, und es gibt keine Unverträglichkeit zwischen Wissenschaft und Kenntnis und der Begründung des islamischen Glaubens.«[5]

Modernisierungsideen wie jene Al-Afghanis und Abduhs stießen im Kernland des Osmanischen Reiches (der späteren Türkei) auf unterschiedliche Resonanz. Der damalige Sultan Abdülhamid und die religiöse Elite des Reiches lehnten sie als gefährlich für ihre Interessen ab. Großen Einfluß jedoch hatten derartige Ideen unter Teilen der Intelligenz, der bürokratischen bzw. militärischen Elite, die mit dem westlichen Fortschrittsdenken vertraut waren und den Verfall des Osmanischen Reiches mit Sorge betrachteten. Während sich dabei das Element der Modernisierung als verbindender Gedanke dieser Intellektuellen erwies, trennten sich die Vorstellungen in zweierlei Hinsicht: zum einen in der Frage, welchen Stellenwert die islamische Religion in diesem Prozeß haben solle, zum anderen im Hinblick auf die territorialen Grenzen, innerhalb derer eine Modernisierungspolitik durchsetzbar und wünschenswert sei.

Auf der einen Seite gab es Reformer wie Abdullah Cevdet, der sich gegen das Sultanat und für eine freie Interpretation des Koran aussprach, zugleich jedoch ein erbitterter Gegner des damals aufkommenden Nationalismus im Osmanischen Reich war. ›Nation‹ war für ihn nach wie vor kein ethnischer Begriff, sondern synonym mit der *umma,* der Gemeinschaft der islamischen Gläubigen, gleichgültig ob sie Araber, Türken, Kurden etc. waren. Einflußreicher als Cevdets Vorstellungen waren jedoch die Ideen einer nationalistischen, pantürkistischen Modernisierung, wie sie insbesondere von Ziya Gökalp vertreten wurden, der mit seinen Vorstellungen wesentliche Grundsteine für die

Ideologie des Kemalismus legte. Während einige andere Pantürkisten den Islam als untürkisch ablehnten, damit jedoch wenig Anklang fanden, hielt Gökalp an einem modernisierten islamischen Erbe fest, jedoch sollte der Islam türkisiert, die arabische Sprache als Religionssprache durch die türkische ersetzt werden[6].

Ausschlaggebend für die weitere Entwicklung der Modernisierungsideen war letztlich der endgültige Zerfall des Osmanischen Reiches und die Besetzung durch die Siegermächte im Ersten Weltkrieg: Realpolitisch durchsetzbar war in dieser Situation nur die nationale, türkische Lösung, wie sie Mustafa Kemal im Befreiungskrieg in die Tat umsetzte. Dieser Realität mußten sich am Ende auch die Ideen und kühnen Entwürfe der Reformer beugen. Ein illustratives Beispiel hierfür ist der Bedeutungswandel des Wortes *millet:* Dieses Wort arabischer Herkunft bezeichnete ursprünglich die Religionsgemeinschaft *(umma),* nahm aber in der türkischen Sprache im Laufe des Befreiungskrieges die Bedeutung ›Nation‹ an[7].

Die Modernisierung der Gesellschaft und damit der Religion als einer nationalen Aufgabe war mit dem Sieg im türkischen Befreiungskrieg zur herrschenden Politik geworden. In der Tradition des westlichen Fortschrittsdenkens faßte Atatürk das Verhältnis des neuen Staates zur Religion folgendermaßen zusammen: »In unserer Religion gibt es nichts, das dem Gedanken der Entwicklung widerspräche. Aber es ist eine Tatsache, daß es in der heutigen türkischen Nation eine auf falschen Überzeugungen beruhende Religion gibt. Aber ungebildete Menschen werden mit der Zeit aufgeklärt werden. Wenn sie sich dem Licht, d. h. der echten Religion und der Wissenschaft, nicht nähern, werden sie sich vernichten. Wir werden sie aber aus dieser Lage retten.«[8]

Offenkundig wird hierbei die Überzeugung, daß die Kenntnis der modernen Wissenschaften und ihre Verbreitung wenn nicht die Religion, so doch ihre reaktionären Ausformungen aus dem Bewußtsein der Menschen unumkehrbar verdrängen würde. Und ebenso in der Tradition der westlichen Aufklärung festigte Atatürk diesen Prozeß formal durch die Trennung von Religion und Staat (Laizismus) bei gleichzeitiger Kontrolle des Staates über die staatsbürgerliche Loyalität der religiösen Institutionen. Die Religion wurde zur staatstragenden Privatangelegenheit.

III.

Es ist bezeichnend, daß gerade die Türkei, die im Nahen Osten als erstes Land und am konsequentesten den Weg der Modernisierung beschritten hat, heute der Überzeugung Atatürks und der vorangegangenen Reformer Hohn spricht: Der Islam ist keineswegs zu einer zunehmend aufgeklärten Religion geworden; der Laizismus steht insbesondere im Schulbereich nur noch auf dem Papier; gegen den Prozeß der Modernisierung stemmt sich ein islamischer Fundamentalismus, der zu neuem Leben erwacht, und die Renaissance des Islam im öffentlichen Leben ist keineswegs nur das Anliegen einer kleinen Minderheit.

Damit stellt sich die Frage, warum es der Modernisierung und der Wissenschaft nicht gelungen ist, Wurzeln zu schlagen, die zumindest der Religion in ihrer obskurantesten Form den Nährboden entziehen. Die erste Antwort auf diese Frage lautet häufig: Atatürks Reformen waren Reformen des Überbaus; die ökonomischen Verhältnisse blieben unangetastet. Im Gegensatz zur parallel stattfindenden sozialistischen Umwälzung im nördlichen Nachbarland, der Sowjetunion, war beispielsweise eine Landreform noch nicht einmal geplant. Atatürk hatte einen wichtigen Teil seiner Massenbasis unter den Großgrundbesitzern, die bei Fortdauer der Fremdherrschaft um ihre Privilegien hätten fürchten müssen und deshalb den Befreiungskampf unterstützten. Eine Landreform hätte für Atatürk bedeutet, diesen wichtigen Teil seiner Massenbasis zu verlieren. Die gängige marxistische Schlußfolgerung aus dieser Tatsache besteht darin, das Scheitern des Kemalismus seiner Bürgerlichkeit anzulasten: Atatürk »versuchte die Voraussetzungen der Reformen im Unterbau durch Sicherstellung der Reformen im Überbau zu erreichen. Gerade diese für die bürgerlich-revolutionäre Ideologie sehr typische Strategie verhinderte das Erreichen des angestrebten Zieles.«[9]

Doch damit ist nur die eine Seite des Problems beschrieben. Ein in feudaler Tradition stehendes Abhängigkeitsverhältnis von Großgrundbesitzern und Notabeln einerseits, Kleinbauern und Landarbeitern andererseits schafft dem Großgrundbesitzer oder Notabeln zwar Privilegien, könnte aber nicht über Jahrhunderte hinweg Bestand haben, wären nicht auch die Kleinbauern und Landarbeiter auf die Fortexistenz dieses Verhältnisses angewiesen. Tatsächlich gab es im Osmanischen Reich eine lange Tradition solcher Abhängigkeitsverhältnisse: Die Stellung der Frau gegenüber dem Mann, die Familien- und Sippenstruktur und das Verhältnis des Großgrundbesitzers oder Notabeln zu den ihm Untergebenen waren charakterisiert durch Gehorsam und Arbeit einerseits, andererseits aber auch durch die Fürsorge- und Schutzpflicht als Gegenleistung der Privilegierten. Hinzu kam die religiöse Überhöhung dieses Verhältnisses in der islamischen Tradition und damit seine ›göttliche Legitimation‹ [10]. Das aber bedeutet: Den Kleinbauern und Landarbeitern in einer Landreform formal ein Stück Land zuzuteilen und auf Erfolg einer solchen Reform zu hoffen, kann nur funktionieren, wenn Ideologie und offenkundige Nützlichkeit des früheren Abhängigkeitsverhältnisses sich als nicht mehr brauchbar erwiesen haben. In den ersten Jahren der Republik Türkei war dies nicht der Fall, und so gab es zwar keine Pläne für eine Landreform, aber eben auch keine Forderung danach [11]. Die Mehrzahl der Kleinbauern und Landarbeiter identifizierte sich nach wie vor mit dem tradierten ökonomischen und sozialen System und nahm auch die Überbaureformen, soweit sie überhaupt die Dörfer erreichten, nur widerwillig, unter Protesten und äußerlich hin.

Für die Kemalisten entstand damit ein grundsätzliches Problem: Sie, die dem Volk Wissen und Fortschritt zu dessen eigenem Wohle bringen wollten, mußten erfahren, daß diese Entwicklung nicht begierig aufgenommen wurde, sondern auf Ablehnung und Widerstand stieß. Die Versuche, eine Oppositionspartei zu installieren, mußten abgebrochen werden, weil sie in den Augen der kemalistischen Führung jeweils zu einem Hort der Reaktion gerieten. Die Einführung des Mehrparteiensystems nach dem Zweiten Weltkrieg brachte den Wahlsieg Menderes' und die deutliche Niederlage der kemalistischen CHP, also eine aus kemalistischer Sicht durch und durch reaktionäre Entwicklung mit sich. In der Praxis war damit die Überzeugung Atatürks und seiner Wegbereiter widerlegt, daß Wissenschaft und Fortschritt für die Bevölkerung eine solche Attraktivität besäßen, daß ihre Verbreitung an sich schon Obskurantismus und Reaktion aus der Welt schaffen würden. Doch die kemalistische Elite war so von der Fortschrittlichkeit und Notwendigkeit ihrer Ziele durchdrungen, daß die genannten Erfahrungen nicht zu einer Veränderung der Politik führten, sondern zu deren Durchsetzung mit Zwangsmitteln. So bildete sich bereits kurz nach dem Ende des Befreiungskrieges eine Tradition des diktatorischen

Etatismus heraus, allerdings nicht im Sinne einer Willkürherrschaft, sondern mit dem bewußten Anspruch, die eigenen Ziele gegen alle Widerstände durchzusetzen.

Zugleich haben diese praktischen Erfahrungen die Ideologie und Geschichtsschreibung des Kemalismus entscheidend geprägt, denn der diktatorische Etatismus bedurfte selbstverständlich einer rechtfertigenden Ideologie. Die Logik dieser Ideologie und Geschichtsschreibung, die sich auch nach dem Zweiten Weltkrieg bis hin zum jüngsten Militärputsch vor allem unter der militärischen Elite wie ein roter Faden durchzieht, besteht in der Überlegung, daß jedes Mehr an Demokratie und Partizipation der Bevölkerung zu einer reaktionären Politik führe, woraus gefolgert wird, daß die Bevölkerung der Türkei für eine westliche Demokratie noch nicht reif sei, vielmehr ein ›starker‹ Staat an Volkes Stelle politisch zu handeln habe. Die Interventionen der Militärs (1960, 1971 und 1980) wurden mit dieser Logik gerechtfertigt, und der restriktive Inhalt der neuen Verfassung von 1982 wurde vom Nationalen Sicherheitsrat der Generäle eben damit begründet. Dessen Vorsitzender, General Evren, empfahl folgerichtig kurz vor dem Verfassungsreferendum der Bevölkerung: »Kümmert Euch zu Hause, am Arbeitsplatz und auf den Straßen nicht um politische Probleme. Die erste politische Pflicht ist es, die Staatsmänner zu wählen.«[12] In diesem Sinne hat sich unter den Militärs, die sich seit Gründung der Republik als die wahren Hüter des Kemalismus verstanden, dessen diktatorische Komponente tradiert, auch wenn die (gesellschafts)politischen Zielsetzungen der militärischen Elite heute grundsätzlich verschieden von jenen der Anfangszeit der Republik sind.

IV.

Doch nicht nur für die Militärs ist dieses kemalistische Geschichtsbild prägend; es wirkte und wirkt auch heute noch tief in die türkische Linke hinein, die sich gerade deshalb schwertut mit der Einschätzung und dem Umgang von Erscheinungen wie der Reislamisierung. Selbst linke Gruppierungen, die sich eindeutig vom Kemalismus abgrenzen, teilen doch mit der offiziellen Geschichtsschreibung die Einschätzung über ›fortschrittliche‹ und ›reaktionäre‹ Phasen der jüngeren türkischen Geschichte. Insbesondere wird die Wahl von 1950, die den

Regierungsantritt Menderes' nach sich zog, als reaktionäres Ereignis, der Putsch von 1960, der Menderes ablöste, als fortschrittlich bewertet. Erst in jüngster Zeit gab es erste Versuche linker Autoren, ein differenzierteres Verständnis dieser Entwicklung zu erlangen. So schreibt beispielsweise Ahmet Samim in seinem Aufsatz »Die Tragödie der türkischen Linken« im Gegensatz zur üblichen Betrachtungsweise:

»So war die Wahl von 1950 ein demokratisches und fortschrittliches Ereignis mit reaktionären Folgen, während der in jeder Beziehung undemokratische Putsch des Jahres 1960 eine liberale Reform des türkischen Regierungssystems hervorbrachte. Wie sind diese beiden Ereignisse zu verstehen? Ein Kemalist würde unzweifelhaft die reaktionären Konsequenzen von 1950 den Errungenschaften von 1960 gegenüberstellen. Eine sozialistische Sichtweise sollte im Gegensatz dazu den positiven Aspekt der Politisierung sehen, die 1950 erreicht worden war. Ebenso muß sie die Dynamik der militärischen Intervention erfassen, die Grundlage für die Durchsetzung der neuen Verfassung von 1961 war und gleichzeitig ihre wirksame Anwendung aufzuheben drohte. Mit anderen Worten: ohne von der kemalistischen Einschätzung der *politischen Resultate,* die diesen beiden Vorgängen folgte (reaktionäre Politik nach 1950, progressive Reformen nach 1960), abzuweichen, sollte ein sozialistisches Verständnis das positive und negative Vorzeichen der *politischen Formen,* welche diesen beiden kritischen Entwicklungen bisher zugrunde gelegt worden sind, vollständig umkehren. ... Durch ihr Unvermögen, die Bedeutung der Ereignisse von 1950 und 1960 richtig zu erfassen, war die türkische Linke theoretisch und politisch gefangen in der überlebten und romantisierenden Vision von einer Allianz zwischen den arbeitenden Massen und einer ›fortschrittlichen‹ Staatsbürokratie.« [13]

Letztlich hat die türkische Linke das Selbstverständnis der bürokratischen und militärischen Elite, Träger und Zwangsvollstrecker des Fortschritts zu sein, unbesehen übernommen, und die Kritik an dieser Elite bestand im wesentlichen darin zu behaupten, die Linken wüßten besser, was fortschrittlich und deshalb dem Volk zu verordnen sei. Damit entstand in der Linken auch ein Selbstverständnis, das einerseits undifferenziert religiös und reaktionär gleichsetzte und andererseits in Parallele zur militärisch-bürokratischen Elite den Massen mit tiefem Mißtrauen gegenüberstand (auch wenn es natürlich zahlreiche anderslautende Lippenbekenntnisse gab). Samim unternimmt in seinem Aufsatz einen ersten Versuch, dieses Denkmuster zu durchbrechen. Im Schlußteil des Aufsatzes schreibt er: »(Es) können konkrete Ziele nur mit demokratischen Methoden verdeutlicht werden, indem die Kader eine Menge von den Arbeitern, Bauern, Hausfrauen und Spezialisten werden lernen müssen. Den Marxismus auf eine Theorie des bewaffneten Kampfes zu reduzieren heißt, ihn in eine Theorie des Todes zu verwandeln. Um ihn als eine Theorie aller Lebenszusammenhänge zu begreifen anstatt als Grundprinzip für tapferen Widerstand, werden sich die türkischen Sozialisten der schöpferischen Kraft derjenigen, die sie zu führen anstreben, aussetzen müssen.«[14]

Dennoch ist Samims Unterscheidung nach Form und Inhalt politischer Prozesse keine adäquate Grundlage, um die politische Entwicklung der Türkei, das Spannungsfeld von Modernisierung und Reislamisierung zu fassen, denn die zentrale Frage, warum formale Demokratisierung eine inhaltlich reaktionäre Politik nach sich zieht, wird damit nur anders (d. h. stärker zugunsten der Demokratie) bewertet, nicht aber erklärt. Samims Feststellung, daß bezüglich der Begriffe ›fortschrittlich‹ und ›reaktionär‹ Form und Inhalt auseinanderklaffen, wirft deshalb die Frage auf, ob diese beiden Begriffe in ihrer üblichen, aus der Tradition der Aufklärung stammenden Definition nicht Worthülsen sind, die an der gesellschaftlichen Realität und ihrer Entwicklungsdynamik (zumindest in Entwicklungsländern) vorbeigehen.

V.

Bevor wir diese Frage grundsätzlicher behandeln, soll zunächst an einem Beispiel verdeutlicht werden, worum es geht: Ist Alphabetisierung fortschrittlich? Läßt sich dementsprechend Fortschritt unter anderem am Grad der Alphabetisierung messen? Für die Kemalisten und die Beobachter der kemalistischen Überbaureformen in den westlichen Metropolen war und ist dies (fast einstimmig) mit einem deutlichen Ja zu beantworten. Für den anatolischen Kleinbauern stellte sich das Problem anders. Sein Überleben hing davon ab, daß Frau und Kinder mitarbeiten. Alphabetisierung aber hieß, daß die Kinder, statt zu arbeiten, in die Schule gehen mußten. Denn der Staat befahl zwar die

Schulpflicht, schuf aber keinen finanziellen Ausgleich für die dadurch entstehenden existenzbedrohenden Produktionseinbußen. Noch heute gibt es in zahlreichen Dörfern der Türkei Kinder, die trotz Schulpflicht nicht zur Schule gehen. Das heißt aber auch: Für viele Kleinbauern war bzw. ist die Alphabetisierung der Kinder kein Fortschritt; nicht weil sie Bildung ablehnen, sondern weil das konkrete Bildungssystem ihren ökonomischen Ruin befördert. Und zugleich gilt: Wer Bildung nur gekoppelt an ökonomische Existenzangst erfahren hat, der wird bei zwangsweiser Durchsetzung dieses Bildungssystems empfänglich sein für eine islamisch-fundamentalistische Ideologie grundsätzlicher Bildungsfeindlichkeit. Insofern ist die abstrakte Frage, ob Alphabetisierung fortschrittlich sei, falsch gestellt, denn das metropolitane Bildungsideal geht von der Grundüberzeugung aus, bessere Bildung führe zu ökonomischer Prosperität und Wohlstand. Eine These, die für die Metropolen im allgemeinen stimmen mag, für Entwicklungsländer jedoch eine unzutreffende Verallgemeinerung darstellt.

Hinzu kommt als weiterer Punkt, daß selbst dort, wo Alphabetisierung tatsächlich ökonomische Vorteile für die Betroffenen bringt, sie zugleich meistens auch die gewachsenen sozialen Strukturen und die traditionellen Abhängigkeitsverhältnisse aufweicht und untergräbt. Dies muß von den Betroffenen solange als bedrohlich empfunden werden, wie nicht neben den ökonomischen Vorteil der Alphabetisierung auch neue Formen der sozialen Sicherung und des Schutzes der eigenen Zukunftsperspektive treten. Der verzweifelte Schritt vieler Landbewohner in die Landflucht belegt, daß in der Entwicklung der türkischen Republik die genannten Faktoren weitgehend unberücksichtigt geblieben sind.

Das Beispiel der Alphabetisierung führt zunächst zu der Überlegung, daß Fortschritt bzw. Modernisierung in Entwicklungsländern nicht mit der Elle der Industrieländer gemessen werden kann und darf; ein Punkt, den Dieter Senghaas in seinen Arbeiten zurecht immer wieder betont: »Die Unterentwicklung der Dritten Welt kennzeichnet nicht, wie gängige Modernisierungstheorien, Entwicklungsländerforschung und Entwicklungsplanung in den Metropolen jahrelang glauben machen wollten, ein Durchgangsstadium auf dem Weg zu autozentrierter Entwicklung, den lang andauernden Übergangsperioden von traditional-feudalen zu bürgerlich-kapitalistischen Gesellschaften in der Geschichte der Industrialisierung oder Modernisierung europäischer Gesellschaften vergleichbar.«[15] Eben deshalb kann Fortschritt bzw. Modernisierung in Entwicklungsländern auch nicht anhand von Einzelindikatoren wie Alphabetisierung gemessen werden.

Dies ändert nichts an der Tatsache, daß auf Dauer Alphabetisierung etc. ein Ziel von Entwicklung sein muß. Aber Entwicklung darf kein Prozeß sein, der um einzelner, meßbarer Größen willen an den Menschen vorbeigeht, ihre übrigen Interessen und damit verbundenen Ängste und sozialen Bindungen ignoriert. Die kemalistische Modernisierungspolitik hat diesen Grundsatz zu keinem Zeitpunkt beachtet, und sie konnte ihn nicht beachten, denn die westliche Ideologie von Fortschritt und Modernisierung, die die Kemalisten übernommen hatten, war durchdrungen von der Vorstellung, daß rationales Denken und Wissenschaft sich von selbst durchsetzen würden, wenn nur ihre Verbreitung befördert würde. Hemmnisse, die dieser Verbreitung im Wege standen, wurden als irrational, das heißt den Bedürfnissen der Menschen zuwiderlaufend charakterisiert. Angesichts der Reislamisierungstendenzen und der Renaissance des Islam im öffentlichen Leben der Türkei hat sich diese Vorstellung selbst widerlegt: Der Schutz und die Sicherung der Zukunftsperspektive, die die traditionelle Familienstruktur und die Abhängigkeitsverhältnisse den Menschen zu geben vermochten, schränkt zwar die Freiheit des Denkens und Handelns der Individuen ein, aber er ist nicht deshalb schon irrational. Und umgekehrt kann nur ein Mehr an Sicherheit der Lebensperspektive die Voraussetzung schaffen für die Zunahme von Bildung und individueller Freiheit.

VI.

Damit kommen wir zum Ausgangspunkt dieser Schlußbetrachtung zurück: Die Traditionslinie von der bürgerlichen Aufklärungstradition, ihr Aufgreifen durch die militärisch-bürokratische Elite im Osmanischen Reich und ihre Umsetzung in die Tat durch Atatürk macht deutlich, daß angesichts der heutigen Reislamisierungstendenzen nicht nur der Kemalismus gescheitert ist, sondern viel weiterreichend die Ideologie der Aufklärung – selbst in ihrer radikalsten Form, wie sie Freud und Marx verkörpern – zur Debatte steht. Dabei geht es (entgegen mancher populären pseudophilosophischen Modeströmung) nicht um ein Zurück zu einer vorwissenschaftlichen ›guten, alten Zeit‹, sondern um das Überschreiten jener Elemente der Aufklärungstradition, die selbst noch im Vorwissenschaftlichen verhaftet sind, weil sie den Menschen primär als homo oeconomicus begreifen. Dies in doppelter Hinsicht:

Einerseits wird Fortschritt ökonomisch an Kapitalinteressen gemessen, und es wird unterstellt, dies sei der einzig gangbare Weg zur Mehrung des allgemeinen Wohlstandes. Die Marx'sche Kritik an dieser kapitalistischen Logik ist, wie die Marginalisierungsprozesse in fast allen Entwicklungsländern belegen, nach wie vor aktuell.

Andererseits wird selbst von einem Großteil der Linken die Sicherung der menschlichen Lebensperspektive als eine im wesentlichen ökonomische Frage gesehen: Es gibt eine Reihe von Grundbedürfnissen, deren verbesserte Befriedigung sich durch eine effizientere Ökonomie, durch eine Steigerung der produzierten Waren und Dienstleistungen erreichen läßt. Dieser Standpunkt ist zumindest einseitig und wird falsch mit der Behauptung, materielle Sicherstellung sei der einzige Maßstab für menschliches Wohlbefinden, und alles, was sich dieser Fortschrittslogik in den Weg stelle, sei irrational und deshalb abzulehnen.

In diesem Sinne besteht der grundlegende Denkfehler der Aufklärungsideologie nicht darin, daß sie den Wert von Wissen und rationalem Denken hochschätzt, sondern darin, daß sie ein Bild vom Menschen hat, das nur die Kategorien ›richtig‹ (=wissenschaftlich und rational) und ›falsch‹ (= unwissenschaftlich und irrational) berücksichtigt. Die Vorstellungen und Überzeugungen der Menschen aber richten sich zunächst einmal nicht danach, ob sie wissenschaftlich gesehen ›richtig‹ oder ›falsch‹ sind, sondern nach ihrer Brauchbarkeit zur Bewältigung des täglichen Lebens: »Leidenschaftliche Hoffnungen und intensive Wünsche, die allen Gesellschaftsangehörigen gemeinsam sind, verwandeln die absurdesten und unwahrscheinlichsten Sätze, sofern sie die Erfüllung der Hoffnungen und Wünsche versprechen, nur allzuleicht in anerkannte und objektivierte Wahrheiten. … Aber wir sollten fair sein: Sie müssen daran glauben. Um langwährende und mühselige Arbeiten durchzustehen, um

Gefahr und Leid zu ertragen, brauchen die meisten Menschen die Zusicherung, daß ihnen am Ende doch Erfolg, Belohnung, Erleichterung winkt.«[16] Wissenschaftlich gesehen falsche Vorstellungen können in diesem Sinne in einer Gesellschaft sehr wohl *funktional* sein; das heißt auch, Glaubensvorstellungen (gleichgültig, ob damit die Religion insgesamt oder nur ihre »veraltete, anstößige Einkleidung« gemeint ist) können gesellschaftliche Notwendigkeit besitzen. Und Glaubensvorstellungen und Ideologien verlieren ihre Funktionalität nicht dadurch, daß die Wissenschaft und Religionskritik sich ihrer annimmt, sondern erst dann, wenn gesellschaftlicher Wandel die alte Funktionalität überflüssig macht *und* durch eine neue Funktionalität ersetzt.

Fortschritt in diesem Sinne beinhaltet deshalb nicht nur die Verbreitung von Wissenschaft und die Produktivitätssteigerung zur verbesserten Befriedigung der Grundbedürfnisse, sondern zugleich die Aufhebung der gesellschaftlichen Notwendigkeit für ›irrige Glaubensvorstellungen‹, das heißt einen Wandel der gesellschaftlichen Funktionalität. Erste Voraussetzung hierfür ist die gründliche Kenntnis aller Lebenszusammenhänge und der ihnen innewohnenden Funktionalität. Nur auf dieser Kenntnis aufbauend kann es möglich sein, Konzeptionen zu entwickeln, die einerseits die Ziele dieses Prozesses rational-wissenschaftlich herzuleiten versuchen (und zu diesen Zielen gehört selbstverständlich die erweiterte Befriedigung der Grundbedürfnisse), andererseits aber auch die gewachsenen Funktionalitäten in der Weise berücksichtigen, daß nicht einzelne Maßnahmen, sondern der Wandel und die Fortentwicklung gesellschaftlicher Funktionalitätszusammenhänge Fortschritt bedeuten.

VII.

Sowohl Atatürks Programm der ›Modernisierung‹ als auch der Integrationszwang ohne gesicherte Lebensperspektive gegenüber der türkischen Bevölkerung in der Bundesrepublik mißachten diese Komponente der Funktionalität. Daß die Betroffenen darauf mit Ablehnung und Widerstand reagieren, ist verständlich; es stellt sich aber die Frage, warum ihre Reaktion auf diese Mißachtung gerade in Reislamisierungstendenzen zum Ausdruck kommt, die sich in der Türkei und unter Türken in der Bundesrepublik in deutlicher Parallelität entwickeln: Was geschieht mit Menschen, deren vertraute Funktionalitätszusammenhänge bedroht oder gar unterbunden werden?

Zunächst spiegelt sich die Funktionalität gesellschaftlicher Strukturen und Beziehungen im Bewußtsein der Gesellschaftsmitglieder in ›Alltagstheorien‹ wider, die zudem »im Alltagsleben der Menschen die Funktion haben, eine angegriffene und verletzte Selbstverständlichkeit zu heilen und eine Brücke zu neuer Selbstverständlichkeit zu schlagen. Sie dienen also nicht primär der Erkenntnis, sondern der Orientierung und der Vergewisserung im Handeln.«[17] Eine solche Alltagstheorie liefert also dem einzelnen Gesellschaftsmitglied ein sinnhaftes, in sich logisches und deshalb funktionales Gesellschaftsbild, das zugleich die alltäglichen Friktionen, neuen Erfahrungen und üblichen Dysfunktionalitäten des gesellschaftlichen Lebens integriert und bestehbar macht. Die radikale Infragestellung gewohnter Selbstverständlichkeit durch eine Modernisierungs- oder Integrationspolitik, welche die Funktionalität mißachtet, führt deshalb bei den Betroffenen ebenfalls zu dem Versuch, »den Widerspruch zwischen Erwartung und Ergebnis durch logische Konstruktionen zu überwinden, um eine neue Sinnhaftigkeit aufzubauen. ... Die logischen Konstruktionen müssen zu diesem Zweck immer einen Bezug zu Bereichen herstellen, die von der Infragestellung nicht berührt sind. Dies können Sachverhalte, ›Wahrheiten‹, Personen oder andere Autoritäten sein, von denen eine gewisse Überzeugungskraft ausgeht. Diese Überzeugungskraft erhalten sie von der Stellung, die sie im Gesellschaftsbild einnehmen. Es ist daher in jedem Fall ein Rückgriff auf noch nicht problematisierte Bestände des Alltagswissens erforderlich, um das Unvertraute wieder in Vertrautes umwandeln zu können.«[18] Die Tatsache, daß eine verletzte Selbstverständlichkeit nur durch Rückgriff auf noch nicht problematisierte Lebenszusammenhänge heilbar ist, führt damit zu der Frage, welche Bereiche in der Türkei bzw. unter den türkischen Arbeitsemigranten diese Bedingung erfüllen.

In einem Land, das über mehrere Jahrzehnte hinweg immer stärker im Zuge der abhängigen Entwicklung kapitalisiert und damit auch verwestlicht wurde, ist nicht mehr viel an »noch nicht problematisierten Beständen des Alltagswissens« übriggeblieben: Einerseits die islamische Religion, die ja nach dem Willen der Kemalisten eine Privatangelegenheit sein sollte und sich dadurch dem Zugriff der Kapitalisierung entziehen konnte, andererseits ein Konsens des Nationalismus, der von der Kapitalisierung zwar modifiziert, nicht aber in Frage gestellt wurde, sind die entscheidenden derartigen Refugien. Gerade in diesen beiden Ideologien suchen die Menschen Zuflucht.

Entsprechendes findet sich bei Türken in der Bundesrepublik: Noch weniger als die Türkei bietet die kapitalistische Metropole Bereiche, die noch nicht in Frage gestellt sind. Zugleich werden die Arbeitsemigranten aufgrund der Tatsache, daß sie Türken bzw. Muslime sind, ins gesellschaftliche Abseits gedrängt. Die letzte mögliche Versicherung eigener Sinnhaftigkeit erfolgt logischerweise bei den solchermaßen Ausgegrenzten durch den Rückgriff auf den Islam und den türkischen Nationalismus, selbst wenn diese Menschen als ›Atheisten‹ oder ›Internationalisten‹ hierhergekommen sind.

VIII.

Damit stellt sich das politische Spannungsfeld zwischen Modernisierung und Reislamisierung als ein gesellschaftlicher Prozeß dar, der keineswegs – wie häufig behauptet – einem Pendel vergleichbar wäre, das nach einer Phase der Modernisierung nunmehr zurückschlägt. Denn was als ›Modernisierung‹ bezeichnet wird, ist objektiv ein Prozeß der Kapitalisierung peripherer Gesellschaften, der Fortschritt partikular an einigen, der Kapitalisierung nützlichen Faktoren mißt, nicht aber an den Menschen, denen diese ›Modernisierung‹ vorgeblich zugute kommen soll. Es war nicht ein Zuviel an Fortschritt, das die Metropolen den Entwicklungsländern brachten, sondern eine als ›Fortschritt‹ mißverstandene Ideologie, die Entwicklung einzig ökonomisch versteht.

Das Scheitern unabhängiger Entwicklungsbestrebungen und die wachsende Abkehr der Bevölkerung von derartigen Versuchen hin zu Reislamisierungstendenzen verweist dabei auf die Tatsache, daß eine gesellschaftliche Alternative nicht allein darin liegen kann, die ökonomische Logik der Metropolen anders, das heißt gerechter zu gewichten; vielmehr muß an die Stelle des Bildes vom Menschen als einem homo oeconomicus die Überzeugung treten, daß Freiheit von Hunger und Armut notwendig, aber nicht hinreichend ist für einen Fortschritt, den die Betroffenen auch selbst als solchen empfinden können. Sollte das

Erstaunen und Erschrecken, das die Reislamisierungstendenzen in den Metropolen hervorgerufen haben, diese Überzeugung befördern, dann hätte die Renaissance des Islam mit all ihren Auswüchsen trotz allem ein sinnvolles Ergebnis gezeitigt.

Anmerkungen

Arbeiten, die in der Auswahlbibliographie aufgeführt sind, werden im folgenden in Kurzform mit Nennung des Autors bzw. Herausgebers und Seitenangabe zitiert.

Einleitung

1 Hottinger, Arnold: Islam und Weltpolitik – Die politische Sprengkraft des ›Fundamentalismus‹, in: Graduate Institute of International Security Studies (Hrsg.), S. 17
2 Heard-Bey, S. 13
3 Neue Zürcher Zeitung, 27./28.5.1976
4 Frankfurter Rundschau, 25.10.1984
5 Ebd.

Kapitel 1: Schlagwort ›Reislamisierung‹

1 Der Koran 2,215, zit. nach: Koran, Stuttgart 1960, S. 53
2 Hottinger, Arnold: Islam und Weltpolitik..., in: Graduate Institute of International Security Studies (Hrsg.), S. 18
3 Tibi (1980), S. 20
4 Kandil, Fuad: Islamischer Nativismus und ›Re-Islamisierung‹ am ägyptischen Beispiel, in: Kahlid/Hansen (Hrsg.), S. 62

Kapitel 2: Nationalismus und Islam bei Atatürk

1 Henle, S. 33
2 Keskin, S. 53
3 Roth/Taylan, S. 45
4 Samim, S. 150 f
5 Keskin, S. 72
6 Ebd., S. 53
7 Vanly, S. 44
8 Halm, S. 38
9 Ebd., S. 39
10 Ebd., S. 40
11 Vgl. dazu: Thomä-Venske, S. 88 ff, und Spuler, S. 107
12 Zit. nach: Thomä-Venske, S. 91
13 Ebd.
14 Spuler, S. 107
15 Ebd., S. 109
16 Keskin, S. 67 f
17 Keyder, Çaglar: Die Agrarstruktur, in: Seven (Hrsg.), S. 37
18 Ebd., S. 37, und Deutscher Gewerkschaftsbund, S. 2
19 Vgl. Weiher, S. 76 f

20 Ebd., S. 76
21 Keskin, S. 79
22 Ebd., S. 81

Kapitel 3: Der Volksislam in der Türkei

1 Thomä-Venske, S. 85
2 Schmitt (Hrsg.), S. 236
3 Hütteroth, S. 277
4 Chaliand (Hrsg.), S. 88, und Schmitt (Hrsg.), S. 264
5 Hütteroth, S. 276
6 Thomä-Venske, S. 87
7 Hütteroth, S. 276 f
8 Roth/Taylan, S. 153
9 Hütteroth, S. 277
10 Rühl, Ph.: Türkische Sprachlehre, Heidelberg 1970, S. 9, und Gstrein, S. 57 ff
11 Gstrein, S. 41
12 Vöcking, S. 12
13 Ebd., S. 12 f
14 Hançerlioğlu, S. 402
15 Deutscher Gewerkschaftsbund, S. 2
16 Spuler, S. 114 f
17 Hançerlioğlu, S. 657, und Vöcking, S. 13
18 Vöcking, S. 13 f, und Deutscher Gewerkschaftsbund, S. 6 f
19 Oehring, S. 217
20 Geyikdağı, S. 9
21 Hançerlioğlu, S. 436
22 Geyikdağı, S. 17 (Anm. 31)
23 Vöcking, S. 14
24 Deutscher Gewerkschaftsbund, S. 7
25 Vöcking, S. 14, und Oehring, S. 220 f
26 Oehring, S. 221
27 Ebd., S. 222
28 Vöcking, S. 14
29 Deutscher Gewerkschaftsbund, S. 7
30 Ebd.
31 Anadolu, 29.12.1978, zit. nach: Deutscher Gewerkschaftsbund, S. 14 ff
32 Anadolu, 5.1.1979, zit. nach: ebd.
33 Anadolu, 21.12.1979, zit. nach: ebd.

Kapitel 4: Sozioökonomische Krisenentwicklung und Reislamisierung

1 Walker, David F. (Hrsg.): Planning Industrial Development, New York 1980, S. 149-174
2 Burt, Richard: Die Türkei braucht weiterhin die Hilfe der Vereinigten Staaten, in: Europäische Wehrkunde 11/1984, S. 624
3 Henle, S. 259 f, und Werle (1983), S. 17 f

4 Keskin, S. 131 ff, und Werle (1983), S. 18
5 Jeep, Hendrik: Gedanken zu einer ›Hilfsaktion‹, in: Jeep, Hendrik et al. (Hrsg.): Sozialwissenschaftliche Texte 2, Berlin 1980, S. 36
6 Keskin, S. 132
7 Ebd., S. 133
8 Ebd.
9 Halm, S. 40
10 Roth/Taylan, S. 152 f
11 Binswanger, S. 29
12 Vgl. z. B. Binswanger, S. 28
13 Vgl. Werle (1983), S. 40 ff
14 Keskin, S. 160 f, und Werle (1983), S. 55 ff
15 Şen, Faruk, S. 72 ff, und Werle (1983), S. 55 ff
16 OECD Economic Surveys Turkey, Paris 1982-1985
17 Jeep, Hendrik et al. (Hrsg.): Sozialwissenschaftliche Texte 2, Berlin 1980, S. 48
18 Turkish Industrialists and Businessmen's Association (Hrsg.): The Turkish Economy 1980, Istanbul 1980, S. 101
19 Köker, S. 136
20 Roth/Taylan, S. 59
21 Eigene Berechnung anhand: Türkiye Iş Bankası (Hrsg.): Economic Indicators of Turkey 1980-1984, Ankara 1985, S. 11
22 Vgl. Werle (1983), S. 48 f
23 Eigene Berechnung anhand: Weltbank (Hrsg.): Turkey – Industrialization and Trade Strategy, Washington DC 1982, S. 436, und Türkiye Iş Bankası (Hrsg.): Economic Indicators of Turkey 1980-1984, Ankara 1985, S. 11
24 Schmitt (Hrsg.), S. 216
25 Ebd., S. 220
26 Seven (Hrsg.), S. 10 f
27 Cumhuriyet, 26. 1. 1982
28 Vgl. Werle (1983), S. 107 ff
29 Ebd., S. 35 f
30 Binswanger, S. 26

Kapitel 5: Die Reislamisierung: Warum keine Linksentwicklung?

1 Stern, 25. 9. 1980
2 Stern, 16. 7. 1981
3 Thomä-Venske, S. 93
4 Roth/Taylan, S. 90 ff
5 Vgl. Isikli, S. 131 ff
6 Samim, S. 171
7 Ebd., S. 180
8 Mackenzie, Kenneth: Turkey Under The Generals, London 1981, (Conflict Studies, No. 126)

9 General Secretariat of the National Security Council (Hrsg.); das Buch stellt eine umfangreiche Darstellung der offiziellen Sichtweise des Extremismus dar und enthält auch die wichtigsten Reden General Evrens.

10 K. Evrens Erklärung gegenüber ›Time‹, zit. nach: Tercüman, 6.5.1981

11 Hottinger, Arnold: Die Wurzeln des Terrorismus in der Türkei – Rechtsextremisten als Haupttäter, in: Neue Zürcher Zeitung, 5./6.8.1981

12 Salâh, S. 86

13 Ethnic Kurd Population Persists in Guerilla War, in: International Herald Tribune, 8./9.6.1985

14 Vgl. dazu: Werle 1986 und Bruinessen 1986

15 Zit. nach: More, Christiane: The Long March of the Kurds, Guardian 17.1.1986

16 Zur PKK vgl.: Dupont, Jean Paul: Die Kurden, der Befreiungskampf und die Organisationen, taz, 11.3.1986, und den kritischen Aufruf »Kampf gegen die Freiheit«, abgedruckt in: Frankfurter Rundschau, 10.3.1986

Kapitel 6: MSP und MHP: Die Parteien des islamischen Fundamentalismus

1 Toprak (1981), S. 93
2 Ebd., S. 95 und 122
3 Ebd., S. 122 ff
4 Ileri, S. 266 f
5 Toprak (1981), S. 96 f
6 Landau, S. 42
7 Toprak (1981), S. 111, und Keskin, S. 259
8 Geyikdağı, S. 135 f
9 Oehring, S. 146
10 Toprak (1981), S. 100
11 Oehring, S. 148
12 Ebd., S. 149
13 Khalid, S. 144 ff
14 Oehring, S. 147
15 Toprak (1981), S. 102 f
16 Ileri, S. 274
17 Ebd.
18 Toprak (1981), S. 98
19 Oehring, S. 160
20 Landau, S. 11
21 Toprak (1981), S. 105
22 Geyikdağı, S. 117
23 Keskin, S. 257
24 Toprak (1981), S. 108 ff

25 Ebd., S. 108
26 Roth/Taylan, S. 159
27 Landau, S. 32
28 Toprak (1981), S. 107
29 Schmitt (Hrsg.), S. 108
30 Roth/Taylan, S. 123
31 Oehring, S. 169
32 Schmitt (Hrsg.), S. 112 f
33 Toprak (1981), S. 119
34 Binswanger, S. 27
35 Zit. nach: Oehring, S. 174
36 Ebd.
37 Ebd., S. 185 f
38 Schmitt (Hrsg.), S. 109 f
39 Keyder, Çaglar: Die politische Ökonomie der türkischen Demokratie, in: Seven (Hrsg.), S. 72
40 Oehring, S. 163 f und 219
41 Ebd., S. 164
42 Ebd., S. 165
43 Ebd.
44 Geyikdağı, S. 135
45 Oehring, S. 220
46 Ebd., S. 143 und 217
47 Ebd., S. 143 f und 223

Kapitel 7: Reislamisierungstendenzen nach dem Putsch 1980

1 Açikalin, Halûk: Turgut Özal, in: Orient 2/1982, S. 173
2 Ebd., S. 173 ff
3 Vgl. Werle (1983), S. 89 ff
4 Ebd., S. 159 ff, und Werle: Aufschwung in die Krise
5 Siehe Tabelle 4, S. 56, zur Problematik der Reallohnberechnung in der Türkei vgl.: Taylan, S. 45 f
6 Türkiye Iş Bankası (Hrsg.): Economic Indicators of Turkey 1980-1984, Ankara 1985, S. 14, und ders.: Review of Economic Conditions, Ankara 2/1986
7 Eigene Berechnung anhand: Türkiye Iş Bankası (Hrsg.): Economic Indicators of Turkey 1980-1984, Ankara 1985, S. 11; vgl. dazu: Werle (1983), S. 144 f
8 Vgl. dazu: Werle (1983), S. 178 ff
9 Dodd, S. 44
10 Ebd., S. 46
11 Cumhuriyet, 12.6.1985
12 Jacob, S. 12 f
13 Nokta, 18.6.1984 und 25.6.1984
14 Cumhuriyet, 10.8.1984
15 Cumhuriyet, 28.1.1985
16 Nokta, 3.2.1985

17 Turkish Daily News (Ankara), 14.12.1983
18 Frankfurter Allgemeine Zeitung, 18.7.1985, und Milliyet, 18.7.1984
19 Cumhuriyet, 1.7.1985
20 Frankfurter Allgemeine Zeitung, 18.7.1985
21 Arabia, August 1985, S. 43
22 Cumhuriyet, 12.7.1984
23 Cumhuriyet, 31.5.1985 und 12.6.1985
24 Jacob, S. 20
25 The Middle East, January 1986, S. 12
26 Ebd.
27 Ebd., S. 13
28 Frankfurter Rundschau, 28.10.1985
29 The Middle East, January 1986, S. 12
30 Hürriyet, 24.10.1986
31 Cumhuriyet, 3.4.1986
32 Neue Zürcher Zeitung, 11.10.1986
33 Süddeutsche Zeitung, 20./21.12.1986
34 Ebd.
35 Ebd.
36 Frankfurter Rundschau, 8.1.1987
37 Ebd.
38 Neue Zürcher Zeitung, 27./28.5.1976
39 Vgl. dazu: Ilkin, S. 221
40 Dodd, S. 59
41 Die Tageszeitung, 18.11.1984
42 Ilkin, S. 218 f
43 Ileri, S. 290
44 Ebd., S. 280
45 Ilkin, S. 222 ff
46 Frankfurter Rundschau, 25.10.1984
47 OECD Economic Surveys Turkey, Paris 1982, S. 21
48 Vgl. dazu: Friedrich-Ebert-Stiftung (Hrsg.), S. 1
49 Nohlen/Nuscheler (Hrsg.), S. 307
50 Hottinger, Arnold: Islam und Weltpolitik – Die politische Sprengkraft des ›Fundamentalismus‹, in: Graduate Institute of International Security Studies (Hrsg.), S. 14

Kapitel 8: Reislamisierungstendenzen unter Türken in der Bundesrepublik

1 Kunstamt Kreuzberg (Hrsg.): Morgens Deutschland – abends Türkei, Berlin (West) 1981
2 Die folgende Darstellung basiert im wesentlichen auf dem Buch von Dohse
3 Köker, S. 131
4 Vgl. z. B. Thomä-Venske, S. 31
5 Ebd., S. 26
6 Dohse, S. 303

7 Zit. nach: Hoffmann/Even, S. 151
8 Zit. nach: ebd., S. 74
9 Ebd., S. 122
10 Thomä-Venske, S. 109, und Halm, S. 43
11 Thomä-Venske, S. 106
12 Ebd., S. 107 f
13 Ebd., S. 109 f
14 Ebd., S. 112
15 Zit. nach: ebd., S. 112 f
16 Ebd., S. 111
17 Metall, 2/1980
18 Ebd.
19 Ebd.
20 Thomä-Venske, S. 115
21 Binswanger, S. 34 f
22 Initiativkomitee gegen türkische Faschisten (Hrsg.), S. 58
23 Ebd., S. 64
24 Thomä-Venske, S. 143 f
25 Ebd., S. 145
26 Metall, 2/1980
27 Endruweit, S. 141
28 Zit. nach: Hoffmann/Even, S. 128
29 Ebd., S. 130
30 Neumann, S. 126 f
31 Bayaz et al. (Hrsg.), S. 59
32 Mansfeld, Cornelia: Islamisierung in Kreuzberg, in: Courage, 5/1980, S. 12 f

Kapitel 9: Reislamisierung und Modernisierung – Eine entwicklungspolitische Schlußbetrachtung

1 Henle, S. 486
2 Freud, Sigmund: Massenpsychologie und Ich-Analyse/Die Zukunft einer Illusion, Frankfurt/M. 1967, S. 119
3 Marx, Karl: Zur Kritik der Hegelschen Rechtsphilosophie, MEW Bd. 1, S. 379
4 Rousseau, Jean-Jacques: Der Gesellschaftsvertrag, Frankfurt/M. 1978, S. 163
5 Zit. nach: Özbudun, Ergun: Antecedents of Kemalist Secularism, in: Evin (Hrsg.), S. 28 f
6 Vgl.: Bruinessen, Martin van: Die Türkische Republik ein säkularer Staat?, in: Blaschke/Bruinessen (Hrsg.), S. 15 ff, und: Özbudun, Ergun: Antecedents of Kemalist Secularism, in: Evin (Hrsg.), S. 28 ff
7 Vgl.: Tunçay, Mete: Der Laizismus in der Türkischen Republik, in: Blaschke/Bruinessen (Hrsg.), S. 54 und 56
8 Zit. nach: Thomä-Venske, S. 91
9 Keskin, S. 81

10 Vgl. dazu: Tachau, Frank, S. 113 ff, und: Evin, Ahmet: Communitarian Structures and Social Change, in: Evin (Hrsg.), S. 17 f

11 Einzig die kurzlebige ›Grüne Armee‹ mit ihrer ›islamisch-bolschewistischen‹ Zielsetzung befürwortete eine Landreform. Sie griff damit jedoch keine Forderung der ländlichen Bevölkerung auf! Vgl. dazu: Keskin, S. 67

12 Rede Kenan Evrens am 27.10.1982 in Diyarbakir, zit. nach: Tercüman, 29.10.1982

13 Samim, S. 115 f

14 Ebd., S. 182

15 Senghaas, Dieter (Hrsg.): Peripherer Kapitalismus, Frankfurt/M. 1977, S. 18

16 Child, V. Gordon: Gesellschaft und Erkenntnis, Frankfurt/M. 1973, S. 123

17 Hoffmann/Even, S. 157. Um Mißverständnissen vorzubeugen: Im Gegensatz zum ebenfalls gebräuchlichen Begriff ›Alltagstheorien‹ im Sinne von ›Theorien über den Alltag‹ ist in diesem Zusammenhang von Alltagstheorien im Sinne subjektiver, theorieähnlicher Gesellschaftsbilder die Rede.

18 Hoffmann/Even, S. 158

Auswahlbibliographie

Mit einer umfassenden Bibliographie zur politischen Entwicklung in der Türkei bzw. zum Themenkomplex Reislamisierung im Nahen Osten ließen sich viele Seiten füllen. Da dieses Buch eine Einführung zum Problem der Reislamisierung am Beispiel Türkei darstellt, soll auch die Literaturliste den interessierten Leser nicht erdrücken, sondern Anregungen zur Vertiefung einzelner Fragen bieten. Sicherlich ist die Auswahl der nachfolgenden Literatur subjektiv in dem Sinne, daß wir bemüht waren, jene Arbeiten in den Vordergrund zu stellen, die uns sowohl als informativ wie auch als verständlich geschrieben erschienen. Dies bedeutet auch, daß deutschsprachigen Arbeiten der Vorzug vor englischen bzw. türkischen Publikationen gegeben wurde.

Naher Osten und Reislamisierung

Einen ersten Überblick über einzelne Länder des Nahen Ostens und ihre aktuellen Entwicklungsprobleme bieten Nohlen/Nuscheler und in gedrängter Form Steinbach. Nach wie vor lesenswert im Hinblick auf die großen Entwicklungslinien im Nahen Osten, wenn auch nicht mehr auf dem aktuellen Stand, ist Henle. Abhandlungen über den Islam sind häufig mit dem Unterton ›christlich-abendländischer Arroganz‹ geschrieben, als positives Gegenbeispiel seien hier die Arbeiten von Rodinson genannt. Einen ersten Überblick über Reislamisierung und islamischen Fundamentalismus bietet das Heft »Der Islam in der Weltpolitik«.

Graduate Institute of International Security Studies (Hrsg.): Der Islam in der Weltpolitik, Frankfurt/M. 1982

Heard-Bey, Frauke: Die arabischen Golfstaaten im Zeichen der islamischen Revolution, Bonn ^{2}1984

Henle, Hans: Der neue Nahe Osten, Frankfurt/M. 1972

Khalid, D./Hansen, G. (Hrsg.): Entwicklungspolitische Untersuchungen zur islamischen Herausforderung, Hamburg 1983

Khalid, D.: Re-Islamisierung und Entwicklungspolitik, München 1982

Kreiser, Klaus et al. (Hrsg.): Lexikon der Islamischen Welt, 3 Bände, Stuttgart 1974

Nohlen, Dieter/Nuscheler, Franz (Hrsg.): Handbuch der Dritten Welt, Band 6: Nordafrika und Naher Osten, Hamburg ^{2}1983

Rodinson, Maxime: Die Faszination des Islam, München 1985

Rodinson, Maxime: Islam und Kapitalismus, Frankfurt/M. 1986

Steinbach, Udo et al. (Hrsg.): Politisches Lexikon Nahost, München ^{2}1981

Tibi, Bassam: Der Islam als Defensivkultur, in: Frankfurter Hefte 4/1980, S. 13-21

Tibi, Bassam: Der Islam und das Problem der kulturellen Bewältigung sozialen Wandels, Frankfurt/M. 1985

Türkei (allgemein)

Unter den deutschsprachigen Arbeiten ist jene von Keskin für die Zeit bis zum Militärputsch 1980 nach wie vor die kompetenteste Einführung. Wichtige Aspekte der politischen Entwicklung nach dem Putsch behandelt Seven. Sicher das umfangreichste Handbuch wurde von Grothusen herausgegeben, doch wirft es ein bezeichnendes Licht auf Tendenzen in der Türkeiforschung, daß in diesem ansonsten faktenreichen Buch auf 850 Seiten kein einziges Kapitel der kurdischen Bevölkerung in der Türkei gewidmet ist.

Berberoglu, Berch: Turkey in Crisis, London 1982

Bruinessen, Martin van et al.: Turkije in crisis – Een sociale, politieke en economische analyse; Antwerpen 1982

Dodd, Clement H.: The Crisis of Turkish Democracy, Beverley, North Humberside 1983

Evin, Ahmet: Modern Turkey – Continuity and Change, Opladen 1984

Friedrich-Ebert-Stiftung (Hrsg.): Die türkische Krise, Bonn 1981

Grothusen, Klaus-Detlev (Hrsg.): Südosteuropa-Handbuch, Band 4: Türkei, Göttingen 1985

Hale, William: The Political and Economic Development of Modern Turkey, London 1981

Hubel, Helmut: Türkei und Mittelost-Krisen, Bonn 1984

Hütteroth, Wolf-Dieter: Türkei, Darmstadt 1982 (Wissenschaftliche Länderkunden, Band 21)

Keskin, Hakkı: Die Türkei – Vom Osmanischen Reich zum Nationalstaat, Berlin [3]1981

Margulies, Ronnie: Turkey Survey, in: The Middle East, May 1985

Schmitt, Eberhard (Hrsg.): Türkei, Band 1: Politik, Ökonomie, Kultur, Berlin 1984

Şen, Faruk: Türkei, München 1985

Seven, Ömer (Hrsg.): Türkei – Zwischen Militärherrschaft und Demokratie, Hamburg 1984

Sönmez, Ergün: Die Türkei – Von Atatürk bis heute, Berlin 1985

Steinbach, Udo: Kranker Wächter am Bosporus, Freiburg 1979

Tachau, Frank: Turkey – The Politics of Authority, Democracy and Development, New York 1984

Weiker, Walter F.: The Modernization of Turkey, New York 1981

Ökonomische Entwicklung

Kökers Arbeit behandelt ausführlich die Herausbildung der abhängigen Ökonomie in der Türkei. Das Scheitern der bisherigen Wirtschaftspolitik und die Hintergründe für den Übergang zu einer neuen monetaristischen Wirtschaftspolitik ist Gegenstand des Buches von Werle.

Köker, Ahmet Fahir: Herausbildung der strukturellen Heterogenität in einer unterentwickelten Gesellschaftsformation am Beispiel der Türkei, Frankfurt/M. 1980

Şen, Faruk: Volkssektor Türkei – Eine neue Wirtschaftsform für die Türkei, Bonn 1979

Sharraf, B.A.: Turkey swallows monetarist medicine, in: Arabia, Jan. u. Febr. 1985

Taylan, Turgut: Capital and State in Contemporary Turkey, in: Khamsin 11/1984

Werle, Rainer: Aufschwung in die Krise – Die Wirtschaftspolitik der Özal-Regierung, in: Blätter des IZ3W, Nr. 129, Nov. 1985

Werle, Rainer: ›Modell‹ Türkei – Ein Land wird kaputtsaniert, Hamburg 1983

Sozialer Wandel

Die ausführlichsten Arbeiten zu verschiedenen Teilaspekten des sozialen Wandels in der Türkei finden sich bei Özbudun. Zum türkischen Bildungssystem ist mit Aktaş' Buch eine gut verständliche Einführung erschienen. Zu Fragen der Rolle der Frau in der türkischen Gesellschaft bietet der Sammelband von Abadan-Unat differenzierte und wesentliche Antworten. (Leider ist die deutsche Ausgabe des Buches – im Gegensatz zur englischen – an Schlampigkeit insbesondere bezüglich Quellenangaben kaum noch zu überbieten. Ein Blick in die englische Ausgabe empfiehlt sich deshalb auf jeden Fall.)

Abadan-Unat, Nermin (Hrsg.): Die Frau in der türkischen Gesellschaft, Frankfurt/M. 1985 (auch auf Englisch erschienen)

Abadan-Unat, Nermin: Women in the developing world – Evidence from Turkey, Denver 1986

Aktaş, Yaşar: Das Bildungswesen in der Türkei – Schulen, Universitäten und Dorfinstitute, Berlin 1985

Erder, Türköz (Hrsg.): Family in Turkish Society, Ankara 1985

Heper, Metin: Gecekondu Policy in Turkey, Istanbul 1978

Kâğıtçıbaşı, Çiğdem (Hrsg.): Sex Roles, Family and Community in Turkey, Bloomington 1982

Karpat, Kemal H.: Th Gecekondu – rural migration and urbanization, Cambridge 1976

Özbudun, Ergun/Ulsan, Aydin (Hrsg.): The Political Economy of Income Distribution in Turkey, New York 1980

Özbudun, Ergun: Social Change and Political Participation in Turkey, Princeton 1976

Die Rolle der Militärs

Das Grundlagenwerk zur Entwicklung des türkischen Militärs und seiner kemalistischen Ideologie ist die Arbeit von Weiher. Zur Einbindung der Militärs in das kapitalistische Wirtschaftssystem insbesondere hinsichtlich des militäreigenen Großkonzerns OYAK gibt Werle (1983) einen Überblick (s. ökonom. Entwicklung). Die offizielle türkische Sichtweise der politischen Entwicklung der letzten Jahre ist in dem Band des Nationalen Sicherheitsrates ausführlich dargelegt; insbesondere sind auch die wichtigsten Reden Kenan Evrens in englischer Übersetzung abgedruckt.

General Secretariat of the National Security Council (Hrsg.): 12. September in Turkey – before and after, Ankara 1982

Hottinger, Arnold: Die Türkei unter der Herrschaft der Militärs, in: Europa-Archiv 7/1982

Karpat, Kemal H.: Turkish Democracy at Impasse – Ideology, Party Politics and the Third Military Intervention, in: International Journal of Turkish Studies 1/1981

Mackenzie, Kenneth: Turkey Under The Generals, London 1981 (Conflict Studies, 126)

Weiher, Gerhard: Militär und Entwicklung in der Türkei 1945-1973, Opladen 1978

Islam und islamischer Fundamentalismus in der Türkei

Die wichtigste Ergänzung zum vorliegenden Buch bildet sicherlich der Sammelband von Blaschke/Bruinessen, der vor allem für den historisch Interessierten von Interesse sein dürfte. Einen gedrängten Überblick gibt Vöcking. Oehrings materialreiche Dissertation ist bezüglich zahlreicher Einzelfakten interessant, erhebt jedoch nicht den Anspruch, die Ursachen des politischen Extremismus zu untersuchen. Nachschlagewerk selbst für ausgefallene islamische Sekten etc. ist das umfangreiche Lexikon von Hançerlioğlu (türkisch). Eine Zusammenfassung der wichtigsten Aspekte des vorliegenden Buches ist in den beiden Aufsätzen von Werle zu finden.

Binswanger, Karl: Islamischer Fundamentalismus und türkischer Natonalismus, in: Friedrich-Ebert-Stiftung (Hrsg.): Die türkische Krise, Bonn 1981

Blaschke, Jochen/Bruinessen, Martin van (Hrsg.): Thema: Islam und Politik in der Türkei, Berlin 1984

Geyikdağı, Mehmet Yaşar: Political Parties in Turkey — The Role of Islam, New York 1984

Halm, Heinz: Islam und Laizismus — Strukturprobleme der modernen Türkei und ihre historische Entwicklung, in: Die Türkei und die Türken in Deutschland, Stuttgart 1982

Hançerlioğlu, Orhan: Islâm Inançlari Sözlüğü, Ankara 1984

Ilkin, Selim: Turkey's Attempts to Approach the Islamic Countries after 1974, in: Gumpel, Werner (Hrsg.): Die Türkei auf dem Weg in die EG, München 1979, S. 217-237

Jacob, Xavier: Islamischer Religionsunterricht in der Türkei, Frankfurt/M. 1983 (Cibedo-Texte, Nr. 21/22)

Landau, Jacob M.: The National Salvation Party in Turkey, in: Asian and African Studies 1/1976

Oehring, Otmar: Die Türkei im Spannungsfeld extremer Ideologien (1973-1980), Berlin 1984

Roth, Jürgen/Taylan, Kamil: Die Türkei — Republik unter Wölfen, Bornheim 1981

Spuler, Bertold: Betrachtungen zur Lage des Islam in der heutigen Türkei, in: Grothusen, Klaus-Detlev (Hrsg.): Die Türkei in Europa, Göttingen 1979

Toprak, Binnaz: Islam und Political Development in Turkey, Leiden 1981

Toprak, Binnaz: Die Religion und die türkische Frau, in: Abadan-Unat, Nermin (Hrsg.): Die Frau in der türkischen Gesellschaft, Frankfurt/M. 1985

Vöcking, Hans: Der Islam in der Türkei, Köln 1981 (Cibedo-Texte, Nr. 11)

Werle, Rainer: Die Türkei — Ein zweites Iran?, in: Blätter des iz3w, November 1985

Werle, Rainer: Re-Islamisierung in der Türkei — Ökonomische und soziale Hintergründe, in: Arbeiterkinder (Freiburg), Heft 29/1987

Türkische Linke

Die beste Materialsammlung enthält Oehring (s. o.). Die Broschüre von Devrimci Yol ist als Beispiel für gängige Selbstdarstellungen linker türkischer Gruppierungen genannt. Interessanter, weil um kritisches Selbstverständnis bemüht, sind die Aufsätze von Salâh und Samim. Sie fallen damit deutlich aus dem Rahmen des ansonsten wenig selbstkritischen Niveaus linker türkischer Traktate.

Devrimci Yol (Hrsg.): Die sozialistische Bewegung in der Türkei, Hamburg 1980

Harris, George S.: The Left in Turkey, in: Problems of Communism 29/1980

Isikli, Alpaslan: Gewerkschaften und Arbeiterbewegung, in: Seven, Ömer (Hrsg.): Türkei – Zwischen Militärherrschaft und Demokratie, Hamburg 1984

Oehring, Otmar: Die Türkei im Spannungsfeld extremer Ideologien (1973-1980), Berlin 1984

Salâh, Mehmet: The Turkish Left in Perspective, in: Khamsin 11/1984

Samim, Ahmet: Die Tragödie der türkischen Linken, in: Seven, Ömer (Hrsg.): Türkei – Zwischen Militärherrschaft und Demokratie, Hamburg 1984

Kurden in der Türkei

Einen guten Überblick über Kurdistan insgesamt gibt Chaliand. Ibrahims umfangreiche Dissertation behandelt zwar vor allem Irak, ist aber in ihren ausführlichen Abschnitten zur kurdischen Sozialstruktur, Sprache etc. auch generell die beste Zusammenfassung. Die Geschichte der Kurdenunterdrückung in der Türkei ist bei Vanly faktenreich zusammengefaßt.

Bruinessen, Martin van: The Kurds Between Iran and Iraq, in: MERIP Middle East Report, July-August 1986

Chaliand, Gérard (Hrsg.): Kurdistan und die Kurden, Bd. 1, Göttingen 1984

Franz, Erhard: Material zum Kurdenproblem, Hamburg ^{2}1977

Gstrein, Heinz: Volk ohne Anwalt – Die Kurdenfrage im Mittleren Osten, Freiburg (Schweiz) 1974

Hauser, Heinz: Die Kurden – Stiefsöhne Allahs, erw. Aufl., München 1979

Ibrahim, Ferhad: Die kurdische Nationalbewegung im Irak, Berlin 1983

Köhler, Gesa/Nogga-Weinell, Dorothea: Azade – Vom Überleben kurdischer Frauen, Bremen 1984

Maitan, Livio: Die kurdische Frage, in: Inprekorr 1/1983

Roth, Jürgen (Hrsg.): Geographie der Unterdrückten – die Kurden, Reinbek bei Hamburg 1978

Vanly, Ismet Chériff: Die nationale Frage Türkisch-Kurdistans – Eine Übersicht mit historischem Hintergrund, Köln ^{2}1983

Vanly, Ismet Chérif: Kurdistan und die Kurden, Bd. 2, Göttingen 1986

Werle, Rainer: »Der Feind meines Feindes ist mein Freund« – Kurdistan und der Golfkrieg, in: Blätter des iz3w, Nr. 134, Juni 1986

Arbeitsmigration und Türken in der Bundesrepublik

Zur Situation von Ausländern und insbesondere Türken in der Bundesrepublik sind mittlerweile zahlreiche Bücher und Aufsätze erschienen. Aus unserer Sicht sind hervorzuheben: zur staatlichen Ausländerpolitik und ihrer Entwicklung das Buch von Dohse, zur Problematik der Integration der Sammelband von Bayaz et al., zur Ausländerfeindlichkeit Hoffmann/Even. Speziell in bezug auf die Probleme der türkischen Bevölkerung in der Bundesrepublik gibt Leopold einen Überblick über die Ursachen der Migration; zahlreiche Beispiele zum Problem ›Kulturschock‹ sind bei Kleff zu finden. Zur Rolle des Islam für die Arbeitsmigranten sei Thomä-Venske genannt.

Abadan-Unat, Nermin: Die politischen Auswirkungen der türkischen Migration im In- und Ausland, in: Orient 1/1979

Bayaz, Ahmet et al. (Hrsg.): Integration – Anpassung an die Deutschen?, Weinheim 1984

Deutscher Gewerkschaftsbund, Bundesvorstand, Abt. Ausländische Arbeitnehmer: Hintergründe türkischer extremistischer islamischer Aktivitäten in der Bundesrepublik Deutschland (Sekten und Organisationen), Düsseldorf 1980

Dohse, Knuth: Ausländische Arbeiter und bürgerlicher Staat – Genese und Funktion von staatlicher Ausländerpolitik und Ausländerrecht, Königstein/Ts. 1981

Endruweit, Günter: Gastarbeiter zwischen türkischer Identität und deutscher Integration, in: Zeitschrift für Ausländerrecht 3/1982

Hoffmann, Lutz/Even, Herbert: Soziologie der Ausländerfeindlichkeit, Weinheim 1984

Ileri, Muhlis: Die Bedeutung der Re-Islamisierung für die bilaterale Entwicklungszusammenarbeit zwischen der Türkei und der Bundesrepublik Deutschland, in: Khalid, D./Hansen, G. (Hrsg.): Entwicklungspolitische Untersuchungen zur islamischen Herausforderung, Hamburg 1983

Initiativkomitee gegen türkische Faschisten (Hrsg.): Stoppt die ›Grauen Wölfe‹, 3. Aufl., Berlin (West) o. J.

Institut für Zukunftsforschung (Hrsg.): Ausländer und Deutsche – Integrationsprobleme griechischer, jugoslawischer und türkischer Bevölkerungsgruppen, Köln 1981

Keskin, Hakkı: Die Entwicklung des Faschismus und der politischen Kriminalität in der Türkei und der rechtsextremistischen Kräfte in der Bundesrepublik Deutschland und Berlin (West), in: Kunstamt

Kreuzberg (Hrsg.): Morgens Deutschland – abends Türkei, Berlin (West) 1981

Kleff, Hans-Günter: Vom Bauern zum Industriearbeiter – Zur kollektiven Lebensgeschichte der Arbeitsemigranten aus der Türkei, Ingelheim 1984

Leopold, Ulrich: Sozio-ökonomische Ursachen der Migration türkischer Arbeitskräfte, Bremen 1978

Neumann, Ursula: Erziehung ausländischer Kinder – Erziehungsziele und Bildungsvorstellungen in türkischen Arbeiterfamilien, Düsseldorf 1980

Thomä-Venske, Hanns: Islam und Integration, Hamburg 1981

Weische-Alexa, Pia: Sozial-kulturelle Probleme junger Türkinnen in der Bundesrepublik Deutschland, Köln [4]1982